구한말-일제 강점기

1876년 강화도 조약부터 1945년 8·15해방까지

박 윤 식 지음

저자 서문

구한말 이후 오늘날까지 고요한 아침의 나라 대한민국은 반만년의 유구한 역사 가운데 최대의 격동기를 뚫고 전진해 왔습니다. 오늘에 이르기까지 우리나라의 그 파란만장(波瀾萬丈)한 역사는, 감히 필설로 다 표현하기 어려울 정도로 고난의 가시밭길이었습니다. 세계열강의 각축과 일제의 수탈과 압제, 해방 이후 좌·우익 대결의 혼란, 6·25전쟁의 참화, 반복되는 정치적 혼란 속에서, 대한민국은 그야 말로 한 치 앞도 내다볼 수 없는 칠흑 같은 흑암과 혼돈 속에 빠져 있었습니다. 그러나 이토록 불우했던 약소민족 대한민국은 그 어떤 나라보다도 평화를 사랑하며 본심이 선하고 착한 백의민족(白衣民族)이었습니다. 순박하고 순진하기 그지없는 우리 민족은, 오직 나라가 잘되어야 백성이 잘된다는 일념(一念)과 허리를 졸라매는 근검절약으로 마침내 부강한 나라를 이룩하였습니다. 대한민국은 하늘에서 비춰 주신 한 줄기 소망의 빛을 붙잡고 신통하게도 그 거친 역사의 격랑을 헤치고, 마침내 민족 본연의 기개를 드높여 전 세계 선망의 대상으로 우뚝 솟아올랐습니다. 이제 대한민국은 위대한 민족사적 대업을 완수하고, 세계를 선도하는 일류국가가 되어 새로운 시대적 정진을 이루어야 할 중차대한 역사적 분기점에 직면해 있습니다. 이러한 때에 우리 대한민국 국민들에게 가장 시급한 것이 있다면, 그것은 정확한 역사의 인식과 전수입니다.

역사란, 지난날 오랜 세월을 거쳐 오늘에 이르기까지의 세계나 국가 민족 등이 겪어 온 정치적·사회적·문화적 변천의 과정이나 중요한 사실과 사건의 자취를 말합니다. 분명 역사는 과거를 토대로 현재를 거쳐 미래로 부단히 거대한 물결을 이루며 흘러 나아갑니다. 현재의 역사는 과거 모든 역사의 결과물이므로, 과거의 역사 없이는 현재의 모습이 구현될 수 없습니다. 그러므로 과거에 대한 정확한 인식은 현재를 정확히 보게 하고 동시에 정확한 미래의 건설을 가능케 합니다. 세계를 선도해 갈 대한민국의 찬란한 미래를 건설하고자 할 때, 가장 시급한 것은 바로 과거 역사를 바르게 인식하고 그것에 대해 공정(公正:공평하고 올바름)을 기하는 것입니다.

역사 기록에 있어서 가장 중요한 것은, 과거의 역사적 사실을 실제 있었던 그대로 정확하게 기록하는 것입니다. 자신의 주장을 정당화하기 위해 역사적 사실을 왜곡하거나 날조하여 기록하는 것은 바른 역사관(歷史觀)이 아닙니다. 자기 견해와 입장을 너무 강조한 나머지 역사적 상황을 있는 그대로 기록하지 않고, 주관적으로 치우쳐서 어느 한 부분을 과장하거나 부풀려 기록하고 의도적으로 빼 버리는 것 또한 바른 역사관이 아닙니다. 우리는 역사를 기록할 때 양심을 속여서는 안 되며, 양심에 화인(火印) 맞아서 거짓말하는 자가 되어서도 안 됩니다. 옛 성인들의 말처럼 양심의 악을 깨닫지 못하거나 아예 양심이 없는 사람은 참된 사람이라 할 수 없습니다. 역사는 살아 있는 양심을 가지고 사실 그대로 기록해야 합니다. 대한민국의 후손들이 그 역사를 좌나 우로 치우침이 없이 객관적으로 읽고 또 기록해 나가도록 하는 것은, 너무도 중요한 일입니다.

과거의 역사를 올바르게 기억하는 민족은, 결단코 잘못된 역사를 되풀이하지 않으며 새로운 역사의 창조적인 주역이 되어 전 세계를 밝혀 나갈 수 있습니다. 이러한 사실을 뼈저리게 깨달은 민족이 바로 유대 민족입니다. 이스라엘 '야드 바쉠 홀로코스트 박물관' 전시실 2층 동판에는 "Forgetfulness leads to exile, while remembrance is the secret of redemption."(망각은 포로 상태로 이어지나 기억은 구원의 비밀이다.)라는 문구가, 그리고 기념관 출입구에는 "Forgive, but remember."(용서하라, 그러나 잊지는 말라.)라는 문구가 새겨져 있습니다. 뼈아픈 역사를 기억하지 않으면 다시 비참한 멸망의 상황으로 떨어질 수밖에 없다는, 유대인의 깊은 민족적 참회와 깨달음, 그리고 미래에 대한 각오를 엿볼 수 있습니다.

옛날 이스라엘 민족의 위대한 지도자 모세는, 120세로 운명하기 직전에 가나안 입성을 앞둔 제 2세대들에게 "옛날을 기억하라 역대의 연대를 생각하라 네 아비에게 물으라 그가 네게 설명할 것이요 네 어른들에게 물으라 그들이 네게 이르리로다"라고 준엄하게 명령하였습니다. 이는 과거 역사를 회고함으로써 미래 역사를 전망하라는, 유언과도 같은 메시지입니다. 기억해야 할 '옛날(the days of old)'과 생각해야 하는 '역대의 연대(the years of all generations)'에 대한 언급은, 현존하는 역사에는 분명한 시작과 뿌리가 있음을 알려 줍니다. '기억하라(remember), 생각하라(consider), 물으라(ask)'라는 이 세 가지 명령은, 우리 후손들에게 역사에 대한 교육이 반드시 그리고 중단 없이 계승되어야만 한다는 것을, 강력하게 일깨우고 있습니다. 역사 교육을 통해 우리 후손들이 자신들의 뿌리를 찾고, 아비가 설명해 주고 어른들이 일러 주는 역사적 진실과 심원한 경륜을 배움으로써, 우리 민족은 비로소 나라가 나아갈 올바른 방향을 찾게 될 것입니다. 정직하고 성실한 역사 교육이야말로, 만세에 빛나는 대한민국을 만드는 참된 원동력과 생명줄이며, 향후 나라의 운명을 좌우하는 중차대한 과제인 것입니다.

우리나라의 일제 강점기와 6·25전쟁은, 대한민국 백성이라면 반드시 그 실상을 바로 알아야 하고 영원히 기억해야 할 역사적 이정표입니다. 그런데 일제 강점기의 암울하고 처량했던 식민 통치와 수

백만의 목숨이 희생된 6·25전쟁의 참상을 생생하게 기억하고 있는 사람은 이미 80세가 넘었고, 그 이후 세대는 대부분 그때의 비극을 알지 못하거나 옛날이야기 정도로 가볍게 여기고 무관심합니다. 지금 우리나라의 현대사는 지나치게 왜곡되어 차마 눈을 뜨고 읽을 수 없을 정도로 편향되고 좌경화되어 버렸습니다. 심하게 편향되고 좌경화된 물결이 홍수처럼 밀려오고 있는데, 이것은 대한민국을 한순간에 무너뜨릴 수도 있는 무서운 것임을 온 국민이 깨어 직시해야 합니다. 역사를 왜곡시켜 놓은 채 이기적이고 단편적인 주장들로 국론이 분열된다면, 모래 위에 지은 집이 풍랑에 쉽게 무너지듯이, 아무리 최고로 발전한 물질문명을 가진 나라라도 순식간에 무너질 수밖에 없는 것입니다.

저는 대한민국 격동기의 현장을 직접 체험한 산 증인 중의 한 사람입니다. 해방 이후 고향 이북에서 공산당에게 공산주의 교육을 받았고, 그 실상 또한 낱낱이 목격했고 실제로 경험했습니다. 월남(越南)전에 이미 레닌(Vladimir Lenin)의 「국가와 혁명」, 「유물론과 경험비판론」, 마르크스(Karl Heinrich Marx)의 「자본론」, 「공산당 선언」 등을 교재로 공산주의 사상 교육을 철저하게 받았었고, 이러한 교육과 체험을 통해 공산주의의 허구성과 치명적인 한계를 누구보다도 정확히 파악하게 되었습니다. 1917년 11월 7일, 레닌의 주도로 볼셰비키 러시아 혁명을 승리로 이끈 공산주의는 1991년 12월 31일 완전 붕괴되어, 약 75년 만에 역사의 무대에서 완전히 사라져 버렸습니다. 이것은 공산주의가 이론은 그럴싸하게 보이지만 실제로는 이론대로 실현되지 않는 허구임을 보여준 것입니다. 공산주의가 자유와 번영, 행복을 보장해 주는 것이 사실이라면 어떻게 이렇게 허무하게 붕괴될 수 있단 말입니까? 공산주의는 당 간부를 비롯한 특권층만 잘살고 교육적 혜택을 누리는 독재 체제요, 공산주의가 들어

간 나라마다 무자비한 살상으로 피바다를 이룬 참혹상이 적나라하게 드러났습니다. 이미 역사의 심판을 받았고 온 세계가 내다 버린 쓰레기같이 된 이론을 아직도 붙잡고 있는 이들이 많은 것을 보면, 참으로 통탄을 금할 길이 없습니다.

그래서 저는 이 소책자를 통해 현 세대가 전혀 체험하지 못한 을미사변, 을사늑약, 한일합병, 대구 10월사건, 제주 4·3사건, 여수 순천 사건 등을 상세하게 밝히고, 무엇보다 공산주의가 개인과 민족에게 미치는 심각한 파괴력과 그에 따른 폐해를 분명하게 보여 주기를 원합니다. 한걸음 더 나아가 우리나라의 가장 암울했던 현대사를 통해, 나라 없는 설움이 어떤 것인지, 또 나라를 빼앗긴 비참함이 어느 정도인지를 모두에게 일깨워 주고 싶습니다. 저로서는 최선을 다해 현장을 방문하여 눈으로 확인하면서 마지막까지 증언자들을 만나 많은 도움을 받고, 그들의 증언을 정성껏 녹취하고 재차 확인하였습니다. 나름대로 공을 들였으나 아직 미흡하고 불완전하기만 합니다. 하지만 더 늦기 전에 역사적 신실을 후대에 왜곡 없이 전달해야 한다는 소박한 뜻으로 책을 출판하게 되었습니다. 그동안 섬기는 교회에서 국가의 국경일이나 절기, 목요일마다 꾸준히 해온 구국(救國) 강연 원고들과 우리나라 근현대사에 대하여 45년간 꾸준히 연구하며 정리해왔던 조각들을 한 곳에 모아 조그만 결실을 보게 된 것입니다.

저는 이북에서 공산주의의 허구성을 깨닫고 1947년 월남하였습니다. 그리고 춥고 배고프던 차에 1948년 통위부 후방사령부 국방경비대에 입대하여, 당시 군대의 상황을 누구보다 피부로 체험할 수 있었습니다. 저는 국방경비대에서 먼저 입대한 군인들이나 하사관들에게 기회가 있을 때마다 북한의 실상과 공산주의의 허구성을 설명하곤 하였습니다. 그때의 국방경비대 사령관은 송호성 준장이었는데, 그는 여수 순천 사건 20여 일 전인 1948년 9월 말에 저를 선도하겠다고 불렀습니다. 그는 두 시간 가까이 북한 공산주의에 대해서 자세히 물어보고 대화하는 가운데 저를 위하는 척하면서 "지금은 공기가 좋지 못하니 당분간 말조심하라"라고 말한 적이 있었습니다. 그때 저는 송호성 사령관의 태도를 보면서 이상하다고 생각했었습니다. 그런데 놀라운 것은 그가 6·25때 인민군에 의해 서울이 점령당하자, 남하하지 않고 인민군 여단장이 되어 국군에게 총부리를 겨누었다는 사실입니다. 그는 1950년 7월 4일 대남방송을 통하여, 국군병사들과 장교와 삼천만 동포들에게 자기를 본받아 인민군과 빨치산이 되어 "총부리를 돌려 인민의 원수 미제와 매국노 이승만 괴뢰도당을 타도하라"라고 부르짖기까지 했습니다. 또한 1948년 12월 보안법이 발표된 후 갑자기 부대의 많은 군인들이 탈영하였으며 그 대다수가 지휘관들이었습니다. 알고 보니 남로당에 가입하였던 빨갱이들이었습니다.

이러한 상황 속에서 6·25가 발발했고, 저는 인민군과의 치열한 전투를 계속하면서 밀리고 밀려 남하하게 되었습니다. 곳곳마다 공산당의 만행으로 처참하게 학살 당해 나뒹구는 시체들은 차마 눈뜨고 볼 수 없을 정도로 참혹하였습니다. 전쟁이 얼마나 무서우며 공산당이 얼마나 잔악한지를 깨달을 수 있었으며, 다시는 이 땅에 전쟁이 일어나서는 안 되고 이 지구상에서 공산주의는 없어져야만 한다는 것을 온 몸으로 체험하게 되었습니다. 저는 남하하던 중 지리산 전투에서 인민군의 총격으로 다리에 부상을 당하였습니다. 지금까지 계속되는 저리고 아픈 총상의 통증은, 일평생 저에게 나라가 얼마나 귀중한지를 일깨워 주고 있습니다.

저는 이미 오래 전에 목회 일선(一線)에서 은퇴하고 어느덧 85세가 다 되어 인생의 황혼기를 살고 있습니다. 그러나 지금이라도 나라가 또 부른다면 다시 전장에 나가리라 하는 마음의 충정은 변함이 없습니다. 나라를 사랑하고 자기 민족을 사랑하는 것이, 국민의 가장 기본적인 의무이고 참된 구국(救國)입니다. 조국을 위해 목숨 바쳐 일하는 군인, 경찰, 공무원들, 노동자들, 남이 알아주지 않는 자리에서 대한민국의 안위를 노심초사하는 이름 없는 진실한 애국자들이 많이 있기에, 우리나라 대한민국은 든든하고 후손들의 미래는 희망찹니다.

나라 없는 개인은 존재하지 않으며, 역사 없는 나라도 존재하지 않습니다. 대한민국의 역사는 곧 우리 각 사람의 역사이기도 합니다. 제 나라의 역사를 모른다면 누구도 자기 정체성을 올바로 세울 수 없고, 그 개인의 앞날은 물론 나라의 밝은 미래를 기대할 수 없습니다. 역사에 대한 정확하고 올바른 인식이 곧 애국심의 참된 발현이며, 앞으로도 대한민국이 세계를 선도하는 가장 부강한 나라가 되는 첩경(捷徑)입니다. 저는 자라나는 세대에게 대한민국 국민으로서 마땅히 알아야 할 역사를 사실대로 전해 주어야만 한다는 사명감으로 이 책을 집필하였습니다. 부디 온 국민이 올바른 역사관을 가지고 나라 사랑의 뜨거운 애국심으로 불타올라, 대한민국을 세계에서 가장 존경받는 위대한 나라로 만들어 가는 찬란한 횃불들로 쓰임 받게 되기를 간절히 소망합니다.

2011년 11월 5일

박윤식

# 들어가면서

올해 2011년은, 1910년 8월 29일 나라를 빼앗겼던 치욕의 한일합병 101주년, 6·25동란 61주년이 되는 해입니다. 우리나라는 일제 36년의 식민 치하에서 1945년 8월 15일 해방된 이후, 민주 공산 좌우익의 양대 진영으로 갈라져 극심한 대립과 갈등이 장기간 지속되는 가운데, 나라는 걷잡을 수 없이 혼란하였습니다. 해방 이후 6·25동란까지 그 5년여 동안은 1946년 10월 1일 대구 10월사건, 1948년 제주 4·3사건, 1948년 10월 19일 여수 순천 사건으로, 나라는 한치 앞도 보이지 않을 만큼 어두웠던 시기였습니다. 혼란과 혼돈이 계속된 암흑기 5년을 거친 후 1950년 6월 25일 새벽 4시, 북한의 불법 남침으로 이 민족은 6·25전쟁의 쓰라림을 겪었습니다. 만 3년 1개월 2일간의 전쟁의 참화로 삼천리 금수강산은 80%이상 초토화되었고, 선혈이 낭자한 사람의 시체로 온 땅이 뒤덮이고 말았습니다. 이토록 나라가 망가뜨려진 근본적인 원인은 공산주의 때문입니다. 남한에서는 공산주의 세력이 1925년 4월 17일 조선공산당 창당을 전후하여 왕성하였으나, 1925년 11월 22일 신의주 사건이 있은 후 침략국 일본의 탄압 때문에 지하로 잠적하였습니다. 그러나 1945년 8월 15일 해방이 되자, 그들은 감옥과 지하에서 일제히 나와 1945년 8월 20일 조선공산당을 재건하였으며, 9월 6일 조선인민공화국을 선포한 후부터는 남한에서 정부 행세를 하고 있었습니다.

이 나라가 북한 김일성 살인마의 군화에 짓밟혀 초토화된 이래 우리 조국을 지금의 발전된 조국으로 다시 세우기까지, 우리의 아버지 어머니는 슬퍼할 겨를도 없이 얼마나 많이 헐벗고 굶주리고 비지땀을 쏟아 애쓰며 고생하셨습니까? 한 나라를 세우기도 어렵지만 나라를 지켜내기 또한 심히 어렵고, 나라를 빛내어 후손들에게 물려주는 일은 더더욱 어려운 일입니다. 우리 조상들은 공산주의와 싸워 이기기 위해 큰 희생의 대가를 지불했습니다. 그렇게 수를 헤아릴 수 없이 많은 피의 희생으로 힘겹게 세우고 지켜낸 우리의 대한민국입니다.

한 국가에 소속된 국민으로서의 자부심은, 제 나라 역사에 대한 바른 인식, 곧 국사(國史)에 대한 올바른 인식에서 출발합니다. 나라가 있다는 사실은 얼마나 귀한 일인지 모릅니다. 이 사실은 나라 없는 망국 백성의 설움을 체험한 식민지 시대를 살아본 사람이나 해외에서 이민 생활하는 교포들에게는 한결 더합니다.

36년 동안 일본 사람들이 우리나라에서 자행했던 야만적인 행위는 우리 기억에서 영원히 지울 수 없고, 기억할수록 서럽고도 치욕스러운 것들이었습니다. 무수한 애국지사들을 처형했고, 동양척식 회사라는 수탈기관을 설립해서 토지를 강제로 빼앗았으며, 우리의 이름과 성까지도 일본식으로 고치게 했습니다. 또 징병과 징용으로 수없이 많은 청년들을 끌어다가 강제 노동을 시켰고, 전쟁터에서 총알받이가 되게 했습니다. 여자들은 정신대라는 이름으로 강제로 끌어다가 군인들의 위안부 노릇을 시켰고, 약해진 여자들은 만주의 731부대에서 생체실험에 사용했으니, 그 만행은 실로 너무 끔찍합니다. 731부대는 제 2차 세계 대전 중에 일본 관동군이 산 사람을 생체실험에 사용했던 부대입니다. 그들은 생체실험 대상을 '마루타'라고 했는데, 이는 '껍데기만 벗긴 통나무'란 뜻으로, 인간을 한낱 물건 취급했던 일본 군국주의의 잔악함을 그대로 드러내고 있습니다. 살아있는 사람의 몸에 탄저균, 페스트, 콜레라 등의 세균을 침투시켜 인체가 어떻게 변화되는가, 독가스를 폐 속에 넣어서 몇 시간에 죽는가, 거꾸로 매달아 몇 시간 만에 죽는가, 산소가 없는 진공상태에서 사람이 얼마 동안 버틸 수 있으며, 추운 날씨에 사람이 얼마나 버티는가를 실험했습니다. 일제의 생체 실험 대상으로 최소한 3,000명 이상의 한국인, 중국인, 러시아인들이 희생되었습니다. 아무 힘이 없는 식민시대에 말 한마디 못 하고 시키는 대로 당해야 했던 치욕적인 삶! 남의 나라의 종이 된 자의 설움과 치욕은 그처럼 무섭고 처절했습니다. 자기 나라의 과거가 기억하기 싫을 만큼 수치스럽다 하더라도, 그것을 정직하게 되새김질하고 성실하게 직시하면 현재를 바로 정립할 수 있고 정확한 미래를 설계하는 토대가 됩니다. 그러나 한 번 치렀던 처절한 역사와 그 교훈을 쉽게 잊어버린다면, 지난 날 겪었던 치욕스럽고 참혹했던 그 이상으로 또다시 피눈물을 흘릴 날이 올 수 있을 것입니다.

대한민국 근현대사 시리즈 네 권 중에 본 서에서는 구한말부터 8·15해방까지의 역사를 먼저 살펴보겠습니다. 그 이유는 1945년 이후의 현대사만으로는, 역사상 최대 비극이었던 1950년 6·25동란의 근본적인 원인들을 그 뿌리까지 밝히 알기 어렵기 때문입니다. 구한말은 조선 말기에서 대한제국까지의 시기로, 학자들에 따라서 구한말을 정하는 시기가 다르지만 대체로 1876년 강화도 조약을 그 기점으로 봅니다.

역사적 사실은 결코 시대 흐름에 따라 변하는 것이 아닙니다. 그 해석에 있어 여러 의견이 나올 수는 있으나 실체적 진실까지 왜곡되어서는 안 될 것입니다. 시간이 지났다고 해서 강자(승자)편에서 역사적 진실 자체를 가감하거나 왜곡해서는 절대로 안 됩니다. 역사는 더해서도 안 되고 빼서도 안 되며, 정확한 사실 그대로 밝혀져야 합니다. 거짓 없는 역사는 현재 속에서 놀라운 생명력을 발휘하며, 현재를 곧게 비추어 주는 선명한 거울이 되며, 미래를 향해 올바른 방향을 힘차게 외치는 나팔수가 되는 것입니다. 그러나 왜곡 날조된 역사는 필연코 우리와 후손들을 나약하고 병들게 하여 나라의 장래를 암담하게 만듭니다. 과거 역사를 사실대로 진단하지 못한다면 앞을 못 보는 장님이나 다를 바가 없습니다.

아직도 국토는 남과 북으로 분단되어 있는데, 내부적으로 보이지 않는 이념적 갈등이 끊이지 않는 것이 현재 우리나라의 현실입니다. 그러므로 더더욱 거짓 없는 역사의 보존을 위해 사실을 왜곡 없이 기록하는 일과 젊은 세대들을 위한 올바른 역사 교육이 강력히 요청되는 것입니다. 국사를 정직하게 사실대로 왜곡 없이 기록하고 이야기할 때, 그것만이 국민들에게 감동을 주어 참된 애국심을 심어 줄 수 있습니다.

국가(國家)란 민족의 커다란 집입니다. 나라 국(國)에 집 가(家), 국가는 실로 민족 대식구가 모여 사는 영원하고 광대한 집입니다. 이 나라에 사는 백성들은 저마다 대한민국의 한 가족 한 식구인 것입니다. 그래서 '나라'라고 하는 것은 상황과 필요에 따라 입었다 벗었다 하는 옷가지 같은 것이 아니고, 절대로 떼어내 버릴 수 없는 내 살과 같은 것입니다. 그런 의미에서 백성과 국가는 일체라고 말할 수 있습니다. 부디 이 책을 읽는 대한민국 백성 모두가 뜨거운 민족혼으로 조국의 앞날을 늘 생각하고 염려하며, 나아가 일사각오(一死覺悟) 애국애족의 일념으로 나라를 지키는 진실된 애국자 되시기를 간절히 소원합니다.

차 례

[별지 1] 전국적으로 일어난 3.1독립운동(1919.3.1-4.30)

▨ 저자 서문   3

▨ 들어가면서   10

1. 구한말 조정의 부패와 일제의 조선 침투   17
    (1) 흥선대원군의 쇄국정책
    (2) 1876년, 강화도 조약(병자수호조약)
    (3) 1882년, 임오군란
    (4) 1882년, 제물포 조약
    (5) 1884년, 갑신정변
    (6) 1894년, 동학혁명과 청일전쟁
    (7) 1894-1896년, 갑오개혁(갑오경장)

2. 일제의 노골화된 조선 침투   37
    (1) 1895년, 을미사변과 아관파천
    (2) 1904년, 러일전쟁과 한일의정서
    (3) 1905년 11월 17일, 을사보호조약(을사늑약)
    (4) 을사늑약 무효 운동
    (5) 국채보상운동(1907-1908년)

3. 안중근 의사 의거(1909년 10월 26일 오전 10시)   55
    (1) 고종의 강제 퇴위와 마지막 버팀목 군대의 강제 해산
    (2) 이재명 의사(義士)의 매국노 이완용 암살 시도
    (3) 안중근 의사(義士)의 출생
    (4) 안중근 의사(義士)의 의병 활동
    (5) 1909년 10월 26일, 이토 히로부미 암살
    (6) 1910년 3월 26일, 여순 감옥 생활 144일 만에 순국

4. 1910년 8월 29일, 한일합병(경술국치)   83

5. 1919년 기미년 3·1독립운동   89
   (1) 3·1운동의 힘을 고양시켜 준 신민회와 105인 사건
   (2) 3·1독립운동의 기폭제
   (3) 3·1독립운동 정신의 집약, 기미독립선언문
   (4) 전국적으로 확산된 3·1독립운동의 불길
   (5) 어린이, 기생, 거지까지 만세 대열에 동참
   (6) 천안 아우내 장터 유관순 열사의 독립운동과 그 희생
   (7) 3·1독립운동 이후 일제의 비열하고 무자비한 학대
   (8) 3·1독립운동의 영향

6. 야만적인 일제의 만행과 황국신민화 정책   123
   (1) 1919년, 일제의 수원 제암리 교회 만행
   (2) 일제의 황국신민화 정책
   (3) 1932년 4월 29일, 매헌 윤봉길 의사의 의거
   (4) 독립을 위해 믿음의 절개를 지킨 애국자 주기철 목사
   (5) 일본 침략전쟁의 총알받이로 끌려간 젊은 청년들
   (6) 일본군의 성 노예로 끌려간 조선의 젊은 처녀들

7. 결론 - 용서하라, 그러나 잊지는 말라   147

[부록] 일제 시대 망국민족의 한(恨)을 노래한 전통 가요   153
 - 황성옛터 / 울 밑에 선 봉선화 / 눈물 젖은 두만강 / 목포의 눈물 / 타향살이

[부록] 대한민국 건국(建國) 대통령 우남(雩南) 이승만 박사   179
 (1875.3.26. - 1965.7.19.)

▨ 찾아보기   214

1. 구한말 조정의 부패와 일제의 조선 침투

The Corruption of the Imperial Court during the late Joseon Era and the Japanese infiltration of Chosun

오늘 발전된 조국 밑뿌리의 가장 암울했던 역사는, 바로 근대에서 현대로 전환되는 시기에 일어났던 1950년 6·25전쟁입니다. 대한민국 전 국토를 순식간에 폐허로 만들어버린 6·25는, 한반도 전체를 적화하려는 북한 공산당과의 전쟁이었고, 세계 25개국이 참전하여 600만 명이 희생된 국제 대전이었습니다.

우리나라에 공산주의가 들어오게 된 시기는 일제강점기로, 그것이 급속도로 번진 것은 1917년 러시아 혁명 이후였습니다. 우리나라의 공산주의의 태동은 일제 강점의 역사와 깊은 관계가 있는데, 일제에게 나라를 빼앗기게 된 근본적인 원인을 찾으려면 역사를 거슬러 올라가 먼저 구한말 조정의 타락상을 자세히 살펴야 합니다. 한 국가가 망할 때는 반드시 근본적인 원인이 있으며, 그 배후에는 망할 조짐이 벌써 곳곳에서 나타나기 마련입니다.

조선 왕조는 중기 이래로 잠시 침체하였다가 후기에 이르러서는 영·정조 시대(1725-1800년)의 중흥정치에 힘입어 다소 안정을 찾았습니다. 그러나 19세기에 들어서면서 외척(外戚)이 정치권력을 좌지우지했던 **세도정치(勢道政治)**의 폐단과 국가 재정의 고갈, 농촌 경제의 파탄으로, 정국은 또다시 혼란에 휩싸이게 됩니다.

1800년에 정조(1777-1800년, 24년 재위)가 사망한 뒤 11세의 어린 순조(1801-1834년)가 즉위하자, 순조의 장인 김조순이 정권을 장악하게 되어 이른바 세도정치가 시작되었습니다. 단일 가문이 관리 임용을 도맡아 정치의 요직을 독점하고, 심지어 왕까지도 멋대로 주무르게 된 것입니다. 순조 말년에는 **풍양 조씨**가, 그 다음 헌종 때는 **남양 홍씨**가 세력을 잡는 등 약간의 권력 이동이 있었으나, 대체로 **안동 김씨** 일가가 순조, 헌종, 철종의 3대 60여 년에 이르는 기간 동안 국가의 정치권력을 장악하고 정부의 요직을 독점함으로

써, 왕실의 권위는 추락할 대로 추락하여 국권이 날이 갈수록 쇠약해졌습니다.[1]

이로 인해 조선 말기(구한말) 조정은 뿌리 깊은 당파 싸움으로 극도로 부패하였고, **숭문천무**(崇文賤武:문을 받들고 무를 천하게 여김)[2] 정신만을 강조하여, **부국강병**(富國强兵:나라를 부하게 하고 군대를 강하게 함)에는 전혀 힘을 쏟지 않았습니다.

조정에는 돈을 받고 벼슬을 시키는 매관매직과 특정 성씨 집안끼리 관직을 독점하는 세도정치(이른바 족벌정치)가 자행되면서, 피비린내 나는 당파 싸움이 끊이지 않았습니다. 세도정치의 공통점은 나라보다 가문의 이익을 앞세우는 데 있었습니다. 이렇게 거듭된 혼란으로 부패한 탐관오리가 늘면서 국고는 고갈 상태에 이르렀고, 심지어 군인들의 봉급을 13개월이나 지급하지 못하여 1882년 6월 5일 임오군란이 일어났습니다.

이처럼 조선 시대 말기에는 나라의 안팎을 내 집처럼 살피고 나라의 앞날을 염려하는 정직한 관리를 찾아볼 수 없었고, 지방의 관리들까지 사리사욕을 위해 귀중한 시간과 국고를 낭비했습니다. 매관매직과 관리들의 행패가 가혹하여 세금 부담을 고스란히 떠안았던 가난한 서민들은 생활고에 허덕였고 한숨 소리가 끊이지 않았습니다. 과중한 세금 착취에 못 이겨 산 속에 들어가서 밤이면 도적떼('명화적'이라 불리는 불한당)가 되어 관청을 습격하는 일도 비일비재하였습니다. 돈으로 관직을 사고파는가 하면, 양반이 되려고 돈을 주고 성씨 본관을 바꾸어 족보를 위조하는 등 사회의 위계질서가

---
1) 「민족전란사 6 - 병인·신미양요사」(국방부전사편찬위원회, 1989), 30.
2) 글을 배우는 일만 중요시하여, 무기를 비축하거나 군사력을 키우는 일은 무관심하고 소홀히 한다는 뜻으로, 당시 문신(文臣)을 우대하고 무신(武臣)을 무시했던 정책을 말한다.

깨지고 온 나라가 난리에 난리를 거듭하였습니다.

조정이 한동안 국방 강화에 힘쓰지 못하고 방심하고 있는 상황을 알게 된 가까운 나라 일본은, 조정의 간사한 신하들을 금품과 돈으로 매수하고 그들을 이용하여 우리나라를 통째로 삼키기 위한 계략을 하나하나 진행하고 있었습니다. 당시 조선의 무능함과 약점을 간파한 후쿠자와는, 1894년 '지지신보'에서 "조선은 부패한 유생(儒生)의 소굴로서 위로는 뜻이 크고 과단성 있는 인물이 없고 국민은 노예의 환경에서 살고 있다. 상하 모두가 문명이 무엇인지 알지 못하고, 학자는 있지만 다만 중국의 문자만 알고 세계정세는 모르고 있다. 그 나라의 질을 평가한다면 글자를 아는 야만국이라 하겠다."라고 조선을 극도로 무시하는 글을 남겼는데, 당시 일본이 조선 침략의 명분을 찾고 있었음을 엿볼 수 있습니다.

이미 일본은 1853년 동경에 찾아온 미국의 페리 제독 함대의 강요에 의해 1854년 3월 **미일화친(가나가와) 조약**을 맺고 개항하였고, 청나라 역시 2차에 걸친 아편전쟁 끝에 1860년 12월 영국·프랑스 연합군에 의한 북경 함락(베이징 조약)으로 서양의 발전한 문화가 본격적으로 유입되기 시작했습니다.

(1) 흥선대원군의 쇄국정책

1863년 철종이 재위 14년 만에 후사 없이 사망하고 그 뒤를 이어 흥선대원군 이하응의 둘째 아들이 12세로 왕위에 올랐는데, 그가 바로 고종이었습니다. 이때부터 흥선대원군은 10년 동안 막강한 절대 권력을 행사하며, 쇄국정책을 실시하였습니다.

조선에는 독일의 상인 오페르트가 1866년 3월 말과 8월 초 두 차

레나 조선 해역에 나타나 통상을 요구하다가 실패하고 돌아갔으며, 그 직후인 8월 중순 미국 상선 제너럴셔먼호가 대동강에 입항하여 평양 군민들과 충돌함으로써 후에 신미양요의 원인이 되었습니다. 1866년 초 대원군은 천주교 금지령을 내린 상태였고, 그해 9월 프랑스 신부 9명과 천주교인 8,000여 명을 처형하였습니다. 이에 그해 10월 프랑스는 함대를 앞세우고 프랑스 신부와 조선인 천주교 신자들을 살해한 것에 대해 보복한다며 강화도 앞바다에 나타났습니다. 그러나 실제로는 조선의 문호 개방이 목적이었으며[3], 이때 양헌수 부대가 11월 9일 정족산성에서 치열한 전투를 벌여 프랑스 군대를 물리쳤습니다. 이를 병인양요라고 합니다.

이 후 1868년 5월, 독일의 오페르트 원정대가 흥선대원군의 생부이며 고종의 조부인 남연군(南延君)의 무덤(충남 예산군 덕산면 상가리 소재)을 도굴하려다 실패한 사건이 있었습니다. 이로 인해 조선은 서양인을 더욱 이적시(夷狄視)하게 되어 쇄국정책과 천주교 탄압을 한층 더 강화하였습니다. 그로부터 3년이 지난 1871년 5월[4], 로저스 제독이 이끄는 미국 함대가 강화도로 쳐들어왔으나 흥선대원군의 완강한 쇄국정책에 부딪혀 수차례 전투 끝에 개항을 요구하는 서한을 남기고 철수하는 **신미양요**가 발생하였습니다.

이렇게 서양 세력의 조선에 대한 문호개방 요구가 잦아지자 흥선대원군은 군사력 강화를 위해 많은 비용을 필요로 했습니다. 그러나 당시 정부 재정이 그리 넉넉지 않은 데다가 조세제도에 문제가 생겨 백성에게 거둔 세금이 중간에 새어버리는 삼정(三政) 문란 현상까지 겹쳐 매우 궁핍한 상태였습니다. 이에 흥선대원군은 서원 철폐

---

3) 정승교, 「미래를 여는 한국의 역사 4」(웅진지식하우스, 2011), 25.
4) 「민족전란사 6 - 병인·신미양요사」, 173-187, 205.

(書院撤廢)5), 호포제(戶布制) 실시6), 당백전(當百錢)7) 발행, 원납전(願納錢)8) 징수등으로 개혁을 위해 노력했습니다. 그래도 근본적인 해결점은 찾지 못하였고, 물가 상승, 양반층의 반발 등의 부작용만 낳았습니다. 결국 대원군이 국민들로부터 지지를 얻지 못하고 위기에 처하자, 지금까지 그 누구도 거론하지 못했던 일을 1873년 11월 면암 최익현 등이 하게 되는데, "삼가 아뢰옵건대 전하께서는 친친의 서열에 있는 사람의 지위를 높이고 녹을 많이 주되 국정에는 간여하지 말도록 하소서(親親之列者只當尊其位重其祿 勿使干預國政)"라고 하여 고종이 직접 정치를 해야 한다고 상소하였습니다. 고종을 대신해 10년간 섭정을 하고 있던 홍선대원군은 이 일로 1873년 하야하고 양주의 직곡 산장으로 내려갔습니다.

이때부터 세력을 얻은 고종은 그의 처가인 여흥 민씨 일족과 그 주변 인물들을 관리로 대거 임명하였는데, 이로써 민씨 일가의 세도 정치가 본격적으로 시작되었습니다. 고종의 할머니, 어머니, 부인, 며느리까지 모두 민씨였습니다. 홍선대원군이 하야(下野)하고 개국(開國)정책을 추진해야 한다는 바람이 불기 시작하였으며, 일본이 무력을 동원해 강제로 조선의 문호를 열려고 한 운요호(운양호) 사건이 일어나게 됩니다.

---

5) 서원은 조선을 대표적인 사학교육기관이었으나, 조선 후기로 접어들면서 붕당(朋黨: 조선 중기 관료들이 학문적 정치적 입장을 공유하는 양반들이 모여 구성한 정치 집단, (당파)의 근거지가 되었다. 각종 세금이나 강압으로 백성들을 수탈하였는가 하면 국가에 대한 세금도 면제를 받았다. 이에 대원군은 전국의 650개 서원 중에 47개만 남기고 나머지는 모두 철폐하였다. 아울러 서원이 소유하고 있던 토지와 노비를 몰수하여 국가 재정을 확충하였다.
6) 양민층만 부담하던 세금(군포)을 신분에 관계없이 가구 수를 기준으로 베(布)를 징수하던 세를 말한다.
7) 경복궁 중수에 부족한 재정을 채우기 위해 주조한 화폐를 일컫는다.
8) 경복궁 중수를 위해 강제로 거둔 기부금을 가리킨다.

(2) 1876년, 강화도 조약(병자수호조약)

1875년 4월, 조선의 문호개방과 지배를 열망하던 일본은 해로(海路) 측량을 구실로 운요호(운양호) 등 군함 3척을 강화도에 파견하여, 부산에서 영흥만에 이르는 동해안 일대의 해로 측량과 아울러 함포 사격을 하며 무력시위를 감행하였습니다. 3개월 뒤 일본이 운요호(운양호)를 수도의 관문인 강화도 초지진과 영종도 영종진에 재차 출동시켜, 약탈과 살상까지 저지르는 만행을 서슴지 않자, 우리 측의 수비병들도 발포하는 사태가 일어났습니다. 이 사건을 가리켜 운요호(운양호) 사건(혹은 '강화도 사건')이라고 부릅니다.

이에 일본 정부는 거류민을 보호하고 운요호(운양호)에 포격을 가한 책임을 묻겠다는 구실을 내세워 1876년 1월에 육군중장 구로다 기요타카(黑田淸隆)를 전권대표로 한 8척의 군함과 약 600여 명의 무장병력을 강화도 갑곶에 상륙시켜 협상을 강요하였습니다. 조선 측 대표 신헌(申櫶)과 구로다는 오랜 줄다리기 끝에 1876년 2월 3일(서명일), 강화도 조약(병자수호조약)을 체결하였습니다.

강화도 조약은 일본의 무력시위 아래 강압적으로 체결된 최초의 불평등조약으로, 일본이 요구한 13개 조항 중에 '최혜국대우' 조항을 제외한 모든 조항이 포함되었고 조선의 요구는 하나도 포함되지 않았습니다. 이것은 전적으로 정치적·경제적 세력을 조선에 침투시키려는 일본의 의도대로 체결된 것입니다. 총 12개의 조항 중에 '조선을 자주국으로 인정하여 일본과 평등한 권리를 가진다.'라고 규정한 제 1항은, 실제로는 일본이 조선 식민지화를 방해하는 청나라 세력을 봉쇄하기 위한 것이었습니다. 부산 이외의 두 항구를 20개월 이내에 개항하도록 한 제 4항이나, 해안 측량을 허용해야 한다는 제 7항은 일본이 군사작전 시에 상륙 지점을 정탐하기 위한 것이었습니다.

또 양국 관리는 양국 인민의 자유로운 무역활동에 일체 간섭하지 않는다.'라는 제 9항은, 일본이 막강한 경제력을 동원하여 조선의 영세한 산업과 상인을 착취하여도 조선 정부가 그들을 보호할 수 없게 만든 독소 규정이었습니다. 심지어 일본측은 조선에서 발생한 일본인의 범죄는 일본국 관원이 재판하도록 한다는 치외법권(治外法權) 조항도 포함시켰습니다(제 10항). 이 조약을 계기로 조선은 개항을 이룬 듯했으나, 사실은 일본이 조선을 식민지화하려는 침략정책의 관문을 열어 준 것이나 다름없었습니다.

(3) 1882년, 임오군란

임오군란(壬午軍亂)이란, 1882년(고종 19년) 6월 5일, 구식 군인들이 신식 군대인 **별기군(別技軍)**[9]과의 차별 대우, 봉급 체불, 군량미 미지급에 대한 불만이 폭발하여, 고관을 살해하는 등 난동을 일으킨 사건을 말합니다.

조선 정부에서는 1881년 4월 별기군을 창설하였는데, 민겸호가 그 일을 담당하였습니다. 그리고 같은 해 12월에는 임진왜란을 계기로 수도 및 외곽 지역을 방어하기 위하여 설치된 5군영을 2영으로 축소하였습니다. 이때 상당수 군인들이 실직하였고, 2영에 포함되었던 군인들도 별기군과의 차별대우와 열악한 조건에 불만이 많았습니다. 당시 조선 정부가 개화정책을 시작하면서 상당량의 미곡이 싼 값에 일본으로 유출되어 국내에는 미곡이 부족했고 농촌경제는 파탄에 이르렀습니다. 더구나 부패한 탐관오리들이 사리사욕을 위해 재정을 낭비하여 국고는 더욱 고갈상태에 빠졌습니다.

---

9) 별기군: 일본군 교관을 초빙하여 양반자제를 선발하여 근대식 군사훈련을 받도록 편성한 새로운 군대 조직

13개월간 봉급을 받지 못해 가족과 함께 기아로 쓰러질 지경이 되었을 때, 구식 군인에게 우선 1개월분의 녹봉미가 지급되었습니다. 임오년 6월 5일(양력 7월 19일)이었습니다. 이른 아침부터 포대 자루를 들고 모였는데, 민겸호의 하인 둘이 고지기(庫直:관아의 창고를 보살피고 지키는 사람)로 창고 문을 열고 쌀을 나눠 주기 시작했습니다. 그러나 실제 지급된 녹봉미는 약속한 절반에도 미치지 못한 데다 그나마도 겨와 모래가 섞여 있어, 썩은 냄새가 나서 도저히 먹을 수가 없었습니다. 고지기가 쌀을 착복한 후 남아 있는 쌀에 몰래 겨와 모래를 섞었던 것입니다.

결국 고지기와 군졸들 사이에 심한 말다툼이 벌어졌고, 오랫동안 천대받던 군졸들의 울분이 터져 고지기에게 주먹질을 했습니다. 민겸호는 김춘영, 유복만 등 주동자들을 포도청에 잡아들여 가혹한 고문을 가하고 2명을 처형하도록 했습니다. 이 소문을 들은 군졸들은 더욱 분개하여 6월 9일, 민겸호의 집을 기습하여 모조리 파괴하였습니다.

이때 군졸들은 1873년 실각한 흥선대원군을 찾아가 그간의 사정을 설명하고 자신들을 이끌어 달라고 간곡히 요청하였고, 이에 흥선대원군의 개입으로 군란은 더욱 조직화되었습니다. 군졸들은 대담하고 조직적인 행동으로 무기고를 부수고 무기를 약탈하여 포도청 의금부를 습격하고, 일본 공사관을 포위 공격하여 불태우는 바람에, 일본 공관원 전원은 인천으로 도피하였습니다. 그 와중에 별기군의 교관 호리모토를 비롯한 일본 순사 13명이 성난 군인에 의해 살해되었습니다.

그들은 사기충천하여 6월 10일이 되자 새벽부터 창덕궁 대궐로 몰려가 난장판을 만들었습니다. 그들은 분풀이로 민겸호와 경기도 관찰사 김보현을 칼로 쳐서 죽였으며, 이때 민씨 왕후는 궁녀복으로 변장한 채 무예별감 홍재희의 등에 업혀 궁문을 빠져 나와 광나루를 건너 여주 민영위의 집으로 도망쳐 있다가, 충주 장호원에 있는 충주목사(忠州牧使) 민응식의 집으로 피신하여 지냈습니다.

민씨 왕후의 행방과 생사가 확인되지 않는 가운데 이 엄청난 반란을 누가 수습할 것인가 하는 문제가 제기될 즈음, 고종은 대원군에게 임오군란의 사태 해결을 부탁하며 전권을 위임하였습니다. 1882년 6월 10일, 9년 만에 정권을 다시 장악하게 된 대원군은 민씨가 죽었다고 장례를 치름으로써 군졸들을 해산시켰으며, 그동안 고종에 의해 줄기차게 진행되어오던 개혁을 모두 중단시켰습니다. 대원군의 조치는 파격적이었습니다. 그의 재집권 기간 동안 별기군과 2영을 혁파하고 다시 5군영을 설치하였으며, 통리기무아문(統理機務衙門)10)을 혁파하고, **삼군부(三軍府)**11)를 부활시켰습니다.

한편 충주에 피신해 있던 민씨는 6월 19일 청나라의 천진에 주재하고 있던 김윤식 등으로 하여금 청나라의 원조를 요청하도록 했습니다. 이에 청나라는 6월 27일 마젠창(馬建常)이 이끄는 육군 4,500명을 육로로 보내고, 7월 7일에는 4천 병력을 5척의 군함에 실어 남양만으로 급파했습니다. 7월 12일, 청나라가 대원군을 군란 선동 배후자로 지목하고 강제로 납치하여 천진으로 압송해 감으로써 대원군의 재집권은 33일 천하로 끝나고 말았으며, 이 후 민씨 황후가 20년간 집권하게 됩니다.

동서고금을 막론하고 나라를 지키는 군대를 천시하고 군인을 홀대한 나라치고 번영한 나라는 없었습니다. 지정학적 여건을 고려할 때 우리나라의 생존과 번영을 위해서는 강군(强軍)이 뒷받침된 국력

---

10) 1880년 설치, 군국기밀(軍國機密)과 일반정치를 총괄하는 중앙행정기관, 고종의 개화정책을 위한 국제통상업무 전담기구
11) 1868년 설치, 주요 군사 관계의 일을 논의하는 관청

을 기르는 것이 최우선 과제입니다. 그러나 불행히도 조선 정부는 그렇게 하지 못했습니다. 구한말 우리나라가 주권 침탈을 당한 주요 인은, 나라가 오랫동안 숭문천무의 정신만을 내세우는 정치인들의 손에 의해 경영되었기 때문입니다. 1882년의 임오군란은 숭문천무 정책의 종착역이었다고 할 수 있습니다. 1897년 대한제국을 선포한 고종황제의 연호는 광무(光武)였습니다. '무를 빛내고 숭상하겠다.' 라는 뜻입니다. 그러나 때는 너무 늦었습니다. 1910년 일제가 대한제국을 병합할 때 동원한 우리 병력은 2개 사단에 불과했습니다.

(4) 1882년, 제물포 조약

일본은 임오군란으로 발생한 피해보상 문제를 해결한다는 명분으로 군함 4척과 보병 1개 대대 병력을 조선에 파견하였습니다. 저들은 제물포항에 도착한 뒤 국왕을 알현하고 일본측의 요구 조건을 일방적으로 강요하였습니다. 1882년 8월 30일(고종 19년), 일본의 군함 히에이(比叡) 함상에서 일본군의 위협적인 분위기 속에서 6개 조항의 **제물포 조약**을 일사천리로 체결하였습니다.

> 제1항 지금으로부터 20일을 기하여 조선국은 흉도를 체포하고 수괴를 가려내 중벌로 다스릴 것.
> 제2항 일본국 관리로 피해를 입은 자는 조선국이 융숭한 예로 장사를 지낼 것.
> 제3항 조선국은 5만 원을 지불하여 일본국 관리 피해자의 유족 및 부상자에 지급할 것.
> 제4항 흉도의 폭거로 인하여 일본국이 받은 손해 그리고 공사(公使)를 호위한 육·해군의 군비 중에서 50만 원을 조선이 부담하되, 매년 10만 원씩 5년에 걸쳐 완납 청산할 것.
> 제5항 일본 공사관에 군인 약간 명을 두어 경비하게 하며, 병영의 설치·

> 수선은 조선국이 책임을 지고, 만약 조선국의 병·민이 법률을 지킨 지 1년 후에 일본 공사가 경비가 필요하지 않다고 인정할 때에는 철병을 해도 무방함.
> **제6항** 조선국은 일본에 대관(大官)을 특파하고 국서를 보내어 일본국에 사죄할 것.

위 내용으로 조약을 체결한 결과, 군란 주모자들을 처벌하고 배상금 55만 원 가운데 15만 원을 선 지불하였습니다. 그리고 박영효, 김옥균, 김만식을 일본에 사죄사로 파견하였습니다. 또 일본은 공사관 경비를 구실로 1개 대대 병력을 한성에 파견하였는데, 자기들 경비는 한 푼도 들이지 않고 공짜로 병영을 설치하였습니다. 실로 임진왜란 이후 처음 당하는 치욕이요 위협이었습니다.

청나라 또한 임오군란 이후 조선에서 일본에 대한 우위권을 차지하려고, 청나라 상인의 통상 특권을 규정하는 등 조선에 대한 내정 간섭에 적극적이었으며, 연금해 두었던 대원군을 3년 만에 조선으로 보내어 고종과 싸우게 하였습니다. 이처럼 임오군란은 조선에 청나라와 일본의 개입을 확대하는 결정적인 계기가 되었고, 대내적으로는 갑신정변이 일어나게 된 원인을 제공하였습니다.

(5) 1884년, 갑신정변

갑신정변은 1884년(고종 21년) 김옥균, 박영효, 서광범을 비롯한 급진개화파의 개화(開化)[12] 사상을 바탕으로, 조선의 자주독립을 위해 세계 역사의 발전 방향에 따라 봉건체제의 낡은 틀을 깨뜨리

---

12) 개화란, 문명개화(文明開化)를 말하는 것으로, 이는 구시대의 문화 및 생활양식에서 벗어나 새로운 시대의 문화를 흡수하고 새로운 생활 양식으로 변모·동화함을 뜻하는 말이다. 다시 말해 일본을 통해 들어온 서양 문물에 동화(同化), 즉 서양화한다는 말이요, 시대적인 의식전환으로 근대화한다는 뜻까지 포함한다.

고 근대화를 꾀하였던 정변입니다. 급진개화파는 스스로 개화당 혹은 독립당이라 불렀습니다. 개화당이 일본에 유학시킨 서재필(徐載弼) 등 사관생도들이 1884년 7월 귀국하여 지휘 체계를 갖춘 부대가 설립되고, 비밀무장조직으로 충의계(忠義契)까지 조직되었으며 약 1,000명의 정변 무력을 준비하는 데 성공하였습니다.

그러나 당시의 집권세력인 민씨 척족정권은 나랏일은 생각지 않고 사사로운 이익 추구에만 급급하여 개화당의 개혁 정책을 받아들이지 않았습니다. 당시 청나라는 대규모의 병력을 주둔시켜 정치, 경제, 군사 등에서 내정 간섭을 계속하며 조선 침략의 계책을 꾸미고 있었는데, 민씨 왕후는 그러한 청나라를 의지하여 정권 유지에만 혈안이 되어 있었습니다.

이렇게 개화는 뜻대로 쉽게 이루어지지 않을 듯하였으나, 마침 1884년 8월 베트남에서 일어난 프랑스와의 전쟁으로 청나라는 3,000명의 군사 중에 절반인 1,500명을 철수시켰습니다. 이것을 계기로 급진개화파 세력은 청나라로부터의 독립과 근대화를 위해, 1884년 10월 17일(양력 12월 4일) 홍영식이 총판으로 있는 우정국(郵政局)의 낙성식 축하연을 계기로 갑신정변을 일으켰습니다.

개국 축하 연회장에는 민영익·홍영식·김홍집·김옥균·서광범·윤치오 등 급진개화파와 각국 외교관이 참석하였습니다. 밤 10시쯤 '불이야' 하는 소리가 나자 민영익이 밖으로 나오다 칼을 맞고 쓰러졌습니다. 이 일은 김옥균 등이 일으킨 사건이었습니다. 계획대로 일본 공사 다케조는 일본군 200여 명을 지휘하여 고종이 있는 경운궁을 에워쌌고, 김옥균 일파는 창덕궁에 들어가 민태호·조영하·한규직·윤태준·이조연·환관 윤재현 등 친청파를 죽였습니다. 정변 주도 세력은 서재필 등 사관생도 14명과 조선군 70명, 김옥균 등 청년 30여 명, 상인 100여 명, 일본군 200여 명, 합 450여 명이었습니다.

개화당은 군사지휘권을 가진 영사들과 민씨 일가의 핵심 세력들을 제거하고 신정부를 구성하였습니다. 그리고 김옥균을 중심으로 협의된 혁신정강을 제정·공포하였습니다. 혁신정강은 대원군의 환국, 문벌의 폐지, 불필요한 기구나 제도의 폐지, 탐관오리 처벌, 규장각의 폐지, 순사제도(巡査制度) 실시, 모든 국가 재정의 일원화, 근대식 제도 도입 등 14개 조로 구성되었습니다. 비록 불안정하고 엉성하지만 그 내용은 근대 민주주의제도를 지향하고 있었습니다.

그러나 서울에 주둔 중이던 청나라 군대 1,500명이 즉시 공격하여 김옥균, 박영효, 서광범, 서재필 등은 일본공사관으로 피신하였고, 국왕을 모시고 있던 홍영식은 청군에 의해 참살되었습니다. 결국 갑신정변은 19일 오후 3시, 3일 만에 막을 내리게 되었습니다. 이렇듯 외세를 의존한 결과 개화의 뜻을 이루지 못한 갑신정변을 '3일 천하'라고도 부릅니다. 갑신정변은 근대화의 방향은 제시하였지만 도리어 근대화를 늦추는 결과를 초래하고 말았습니다.

한편, 일본은 당시 공사관 소실 등의 책임을 일방적으로 조선 측에 물어 조선 정부는 일본에 사죄하고 배상금까지 지불하였습니다. 이 후 일본과 청나라는 1885년 4월, 천진조약을 체결하고 양측이 모두 조선에서 군대를 철수시켰습니다.

1885년 고종은, 갑신정변으로 개혁을 할 수 없게 되었으나 끝까지 개혁을 추진하고자 하여 '문교부'를 설치하였습니다. 그리고 믿을 수 있는 각료는 여흥 민 씨뿐이어서 민병식, 민응식, 민영상, 민영준, 민영소, 민두호, 민영환 등 약 260여 명의 민 씨를 다시 등용하였고, 고종은 민 씨 세력에 의해 좌우되었습니다. 이렇게 되자 민 씨 세력과 다른 세력이 서로 싸우게 되어 정국은 매우 불안하였습니다. 이들의 부정부패가 극에 달하여 관료와 양반들은 평민들과 노비들을 착취하고, 혹독하게 탄압하였습니다.

(6) 1894년, 동학혁명과 청일전쟁

무엇보다 일본 세력이 깊이 침투하게 된 직접적 계기는 1894년에 있었던 '동학혁명'과 그것을 빌미로 일어났던 '청일전쟁'입니다. 동학혁명은 갑오년에 일어났다 하여 '갑오농민운동, 갑오농민전쟁'이라고도 부릅니다. 동학(東學)이란 서학(西學)에 대응할 만한 동토(東土) 한국의 종교라는 뜻으로, 천주교 등 밀려드는 서학에 대처하여 민족의 주체성과 도덕관을 바로 세우고 국권을 튼튼하게 다지기 위해서는 새로운 도(道)가 필요하다고 판단하여 만든, 조선 후기의 대표적 신흥 종교입니다. 동학은 1860년(철종 11년) 경주 사람 최제우에 의해 창도되었습니다. 최제우는 서자 출신으로, 조선에서는 도저히 출세할 수 없는 신분이었습니다. 그는 20세부터 10년간 전국을 다니며 서민들의 아픔을 보고 배웠습니다. 유성룡의 양명학과 허균의 평등 사상의 영향도 받았고, '사람이 곧 하늘'이라는 인내천(人乃天) 사상을 전개하여, 당시 양반들에게 착취와 극심한 학대를 받았던 평민과 노비들에게 그는 마치 구세주와 같았습니다.

동학의 만민평등 사상은 종래의 유교적 윤리와 퇴폐한 양반사회 질서를 부정하는 반봉건적이며 혁명적인 성격을 가지고 있습니다. 대표 이념이 평등인데다 민간 신앙과 접목된 단순한 교리였으므로, 일반 서민층에 쉽게 파고들어 짧은 시간에 다수의 지지를 얻었습니다. 1861년 최제우가 포교를 시작했을 때 6개월 만에 3천 명이 몰려들었습니다. 이에 나라에서는 1864년 1월 최제우를 체포하여 처형하였습니다.

동학혁명의 결정적 계기는, 전북 고부군수 조병갑의 부정부패와 동학교도 탄압 사건이었습니다. 전북 고부는 땅이 비옥하여 저수지가 하나만 있어도 충분한데, 조병갑 고부군수는 억지로 저수지를 더 만들고 백성에게 물값을 받았습니다. 또한 음란한 죄, 화목하지 못한 죄 등 여러 죄명을 뒤집어씌워 벌금을 챙겼고, 부친의 비석을 만든다는 명목으로 돈을 걷기도 하였습니다.

이에 1894년 2월 15일(양력), 전봉준은 고부군수 조병갑의 부패에 저항하여 단숨에 고부관청을 점령하였습니다. 그리고 1894년 음력 3월 하순, 동학농민군은 총대장 전봉준, 대장 손화중, 김개남 등을 필두로 8천 명이 백산에 모였는데, 이들은 정부의 정예군에 대항하여 황토현 전투에서 승리하였고, 또한 정부에서 급파된 홍계훈이 이끄는 800명의 진압군도 장성 황룡천 전투에서 물리치고, 4월 27일 전주성을 무혈점령하였습니다.

동학농민군의 요구는 탐관오리의 제거와 조세 수탈을 시정해달라는 것이었습니다. 동학농민군이 점령하는 곳마다 노비 문서를 불태우고, 고리대금도 탕감하고, 부정축재한 양반의 재산을 몰수하여 가난한 자에게 나누어 주자, 노비들은 저마다 만세를 부르며 동학농민군에 충성하였고, 정부에서는 그 세력을 감당하기 어려울 정도였습니다. 동학 세력이 점점 커지자, 조선 정부는 청나라에 군사를 요청하였습니다. 청은 1894년 5월 7일, 군사 2,500명을 아산만에 상륙시켰으며, 이에 따라 일본도 천진조약을 빌미로 5월 9일 인천에 7,000명의 대부대를 상륙시켰습니다. 조선 땅이 외국 군대들의 싸움터가 된 것입니다.

일본 군대는 1894년 6월 21일, 대원군을 태운 가마를 앞세워 왕궁을 포위하고 조선 정부의 안방 경복궁으로 쳐들어왔습니다. 왕궁을 지키던 조선 군대는 무장해제되어 순식간에 흩어졌고, 당일에 국왕과 대신들은 연금되었습니다. 조선 정부는 한나절도 안 되어 일본의 전쟁 도발에 무릎을 꿇고 말았습니다.

이틀 후인 1894년 6월 23일, 일본 해군은 아산만에 정박 중인 청나라 군함을 기습 공격하여 큰 타격을 입히고, 8일 뒤(7월1일) 청나라에 전쟁을 선포하였습니다. 1894년 9월, 청나라와의 평양 전투에서 승리한 일본은 조선에 대한 내정간섭을 본격화하였습니다.

조선 땅이 외국군들의 전쟁터가 되자 이에 분개한 전봉준, 손화중, 김개남 등 동학 지도부는 일본군을 몰아내기 위해 1894년 9월 제 2차 봉기를 일으켰습니다. 전봉준은 심문 과정에서 다음과 같이 밝혔습니다.

"일본군이 개화라고 일컬어 애초부터 한마디 알리는 말도 없이 민간에 전파하고, 또 격서도 없이 군대를 서울에 끌어들여 밤중에 왕궁을 격파하여 왕을 놀라게 하였다고 하기에, 초야에 묻힌 사민(士民)들이 충군애국의 마음으로 분개하지 않을 수 없어 의병을 규합해서 일본인과 접전하게 되었다."「실록 동학농민혁명사」

지난번 전주에서 해산했던 동학농민군이 삼례로 집결하기 시작하였고, 논산에 모인 동학농민군은 무려 20만 명에 달하였습니다. 한편 4만여 명으로 구성된 동학농민군은 공주를 점령하고 서울로 진격하려는 계획을 세웠는데, 이에 일본군은 논산에서 공주로 넘어가는 우금치 일대에 방어선을 배치하고 있었습니다. 11월 19일, 우금치에서 일본군과 동학군의 최후 대접전이 있었습니다. 이때 동학농민군은 수는 많았지만 무기가 변변치 않아 고작 몽둥이, 죽창, 활과 칼, 총에 불을 붙여서 쏘는 화승총뿐이었고, 일본군은 최신식 기관총과 소총으로 무장하였습니다. 일본군의 막강한 화력 앞에 동학농민군은 막대한 희생을 내고, 겨우 500명만 남긴 채 패배하고 말았습니다. 이때 전봉준은 순창에서 체포되어 처형되었고, 나머지 김개남, 손화중도 체포되어 처형되었으며, 26명의 지도부는 대둔산 정상에서 항전하다 전원 자결하였습니다. 이때 양반들은 숨어 있는 동학군을 찾아 무참히 죽였습니다.

이처럼 동학혁명은 외세의 침입으로 소기의 성과를 얻지 못한 채, 결과적으로 예기치 못한 청일전쟁의 발발 요인이 되었습니다. 1894년 6월 일본의 도발로 시작된 청일전쟁은 조선 땅에서 8개월이나 지속되다가 이듬해 1895년 4월 17일, **시모노세키 조약** 체결로 막을 내렸습니다. 이 조약을 계기로, 일본은 그들의 야망대로 우리나라를 당장이라도 집어삼킬 기세로 식민지 정책을 펼치는 데 거침이 없게 되었습니다.

청나라의 전권대표 이홍장(李鴻章)과 일본의 전권대표 이토 히로부미(伊藤博文)가 체결한 시모노세키 조약의 요지는 다음과 같습니다.

> 1. 청국은 조선국이 완전무결한 자주독립국임을 승인한다.
> 2. 청국은 요동 반도와 대만 및 펑후섬(澎湖島) 등을 일본에 할양한다.
> 3. 청국은 일본에 배상금 2억 냥을 지불한다.
> 4. 청국은 일본정부와 그 국민에게 최혜국대우를 부여한다.
> 5. 청국의 사시·중경·소주·항주의 기선항로를 승인한다.
> 6. 개항과 일본 선박의 양쯔강 및 그 부속 하천의 자유 통항 용인, 그리고 일본인의 거주·영업·무역의 자유를 승인한다.

시모노세키 조약을 통해 일본은 청으로부터 요동반도와 대만을 받은 데다, 청나라의 간섭이 사라진 조선 땅에 대하여 단독 지배권을 확보하였습니다. 요동과 일본 본토 사이에 갇힌 조선의 운명은 급전직하의 위기로 치닫고 있었고, 일본은 한반도를 그 세력권에 넣어 만주 침략의 교두보를 삼아 대륙 진출의 기반을 확고히 다지게 되었습니다. 청일전쟁이 조선에 초래한 결과는, 국가로서의 붕괴 그 자체였습니다. 주한일본공사 이노우에 가오루는 일본인 고문관을 조정에 배치하여 각부의 업무를 장악해 갔고, 조선의 조세를 담보로 일본 차관을 들여놓게 함으로써, 철도, 우편, 전신 등을 장악해 갔으며, 조선의 외교권까지도 박탈하려 하였습니다.

(7) 1894-1896년, 갑오개혁(갑오경장)

1894년 6월 21일 일본 군대는 왕궁을 포위하고 흥선대원군을 앞세워 민씨 일파를 축출하고, 김홍집을 중심으로 친일 정부를 수립한 후, 강제로 국정 개혁을 단행하였습니다. 새 정부는 일본군에 힘입어 세워졌으나, 일본은 당장 청과의 전쟁 중에 있었으므로 조선의 내정에 간섭할 겨를이 없었습니다. 그래서 개화파 정부는 비교적 자율적인 내정 개혁을 추진하였는데, 이를 갑오개혁이라고 부릅니다. 1894년 12월 17일 김홍집과 박영효가 발표한 '홍범 14조'에는, 앞으로 나라를 어떻게 다스릴 것인가 하는 다짐이 담겨 있습니다. 그 내용은 9월에 부임했던 이노우에 가오루 일본공사가 제시했던 '내정 개혁 강령 20조'를 약간 손질한 것뿐입니다. 그 첫 번째가 조선은 "청에 의존하고 있는 관념을 끊고 자주독립의 기초를 확실히 건립한다."라는 것이었습니다. 일본이 20년 전 강화도 조약 때부터 '조선의 독립'을 이토록 고집한 이유는, 조선 진출에 큰 장애물이었던 청나라를 견제하기 위함이었습니다.

갑오개혁은 3차에 걸쳐 추진되었습니다.

① 제1차 갑오개혁(1894년 7월-10월)

제1차 갑오개혁은 군국기무처에서 정치 사회 제도의 골격을 잡은 것입니다. 그 중에 백성에게 크게 환영받은 것은 양반과 상민의 신분차별 폐지, 과부의 재가 허용, 공사 노비제의 폐지, 인신(人身) 매매의 금지, 과거제를 폐지하여 능력 있는 인재의 관료 참여를 허용한 것 등입니다. 그리고 평민이라도 나라에 이롭고 백성을 편하게 할 의견이 있으면 군국기무처에 글을 올려 회의에 붙이도록 하는 등, 지방민의 정치 참여를 제도화하고자 했습니다.

② 제2차 갑오개혁(1894년 11월-1895년 5월)

제2차 갑오개혁의 주요 내용은 김홍집과 박영효 연립 내각이 추진한 것으로, 주로 지방 제도를 개편한 것입니다. 문무의 구분을 폐지, 의정부 8아문 폐지, 월봉제도(月俸制度) 수립, 8도의 행정제도를 23부로 전환, 관리 등용에 있어서 과거제도를 없애고, 총리대신을 비롯한 각 아문의 대신에게 관리임용권 부여, 지방관에 의해 집행되던 사법과 군사업무를 중앙에 예속, 근대관료체제 이후 치안과 행정을 분리했습니다.

③ 제3차 갑오개혁(1895년 5월-1896년 2월. 일명 '을미개혁')

제3차 갑오개혁의 주요 내용은 태양력 사용, 도량형의 통일, 종두법 시행, 우체사(우체국) 설치, 건양 연호 사용, 단발령, 근대식 각종 학교 설치, 훈련대와 시위대를 합병, 서울에 친위대, 지방에 진위대 설치 등입니다. 이 가운데 단발령에 대한 반발이 심하여 고종이 단발의 모범을 보였으나 백성은 정부 명령을 완강히 거부하고 '내 머리는 자를 수 있을지언정 머리털은 자를 수 없다.'라고 하며 따르지 않았습니다. 단기적으로는 여러 제약과 외세의 압력 때문에 실패한 개혁이라고 보는 시각도 있으나, 장기적으로는 근대 사회로 가는 과정에서 필요한 내용을 망라하고 있어 성공한 측면이 있다고 평가되고 있습니다.

2. 일제의 노골적인 조선침투

Japan's overt invation of Chosun

(1) 1895년, 을미사변과 아관파천

　청일전쟁 이후 조선의 내정을 거의 장악하여 독주하고 있던 일본에 제동을 걸어, 전면적인 반일운동을 이끈 핵심 인물이 바로 명성황후였습니다. 명성황후는 일본으로부터 조선의 자주와 독립을 위해 러시아 공사 웨베르 등 각국 공사의 후원을 요청하는 등 갖가지 노력을 기울였습니다. 이를 눈치챈 박영효가 명성황후를 폐위시키려고 음모했다가 발각되어 일본으로 도망쳤는데, 박영효는 국왕의 호위병을 폐지하고 일본군이 훈련시킨 조선군 훈련대로 왕궁 수비대를 교체하려 했기 때문에 고종이 격노했던 것입니다. 고종은 갑신정변 때 축출 당한 명성황후를 모두 사면하고 다시 등용하였으며, 김홍집, 김윤식, 이범진, 박정양, 이완용 등으로 일본을 견제하고 러시아에 가까운 내각을 조직하였습니다.

① 을미사변(乙未事變)

　을미사변은 1895년(고종 32년) 10월 8일, 동양의 절세미인이요, 역사상 그 어느 왕후보다도 가장 현명하고 영특하여 일제의 침략 정책에 최대의 장애요인이라고 단정했던 명성황후를 일본공사 미우라 고로(삼포 오루, 三浦梧樓)가 주동이 되어 한밤중에 기습, 칼로 난도질하고 살을 베고 뼈를 꺾고 만신창이를 만들어 죽이고 가마니에 싸서 대궐 뒷산에서 불을 질러 나흘 동안 태워버린 큰 사변(事變)입니다. 명성황후는 당시 일제가 당할 수 없는 지혜를 가진 여인으로 조선 침략의 가장 큰 장애물로 판단되어, 일제가 치밀한 사전 계획 하에 군화발로 조선의 안방까지 쳐들어와 이 나라의 국모를 가장 비참하게 죽였던 것입니다.

　청일 전쟁 후 시모노세키 조약(1895.4.17)을 맺고 불과 일 주일 만에 러시아, 프랑스, 독일 삼국(三國)이 간섭하기 시작하자, 일본은 할

양받았던 요동반도를 다시 내놓아야 하는 등 비상이 걸렸습니다. 요동반도는 만주로의 진출 교두보이자 한반도에 대한 청나라의 영향을 차단하는 효과가 기대되는 곳이었는데, 청일전쟁 이후 한반도에 대한 영향력을 키우려는 일본의 목표가 이제 물거품이 되는 순간이었습니다. 5월 12일 메이지 유신 주도 세력인 초슈 군벌의 최고 실력자인 야마가타 아리토모(산현 유붕, 山縣有朋)가 한반도에 1개 대대 병력을 주둔시키겠다는 군부의 의견을 외무대신에게 전달하였고, 5월 26일 어전회의에서는 이것을 수용하겠다고 밝혔으나, 고종은 그 결과를 보고 받고는 이를 받아들일 수 없다고 답하였습니다.

이 무렵(1894.10.27.) 조선에서 일시 귀국 중이던 **이노우에 가오루**(정상 형, 井上馨) 공사는, 7월 1일자로 조선에 대해 300만 엔을 제공하겠다는 의견서를 제출하면서 그것을 매개로 일본이 계속 영향력을 행사하려 하였습니다. 그러나 고종은 그 기부금을 받을 뜻이 전혀 없다는 것과 현재 조선에 남아 있는 일본군 6천 명을 조만간 전면 철수하라는 뜻을 거듭 밝혔습니다. 이에 외무성은 이노우에 공사를 교체하고 육군 중장 출신의 **미우라 고로**를 후임으로 발령하면서 고종을 위협하기 시작하였습니다. 당시 일본으로서는 반일 세력의 배후로 지목된 명성황후를 제거하는 일이 가장 시급했습니다. 서울의 일본인 신문 한성신보(漢城新報) 기자 '**고바야까와 히데오**(소조천 수웅, 小早川秀雄)'는 당시 일본의 입장에 대하여 이렇게 기록하였습니다. 「... 왕실의 중심이요 대표적 인물인 왕후를 제거하여, 러시아로 하여금 그 결탁할 당사자를 상실케 하는 이외에 다른 대책이 없다는 것이다. 만일 왕후를 궁중에서 제거한다면 웨베르 같은 자가 누구를 통하여 한국의 상하를 조종할 수 있겠는가... 조선의 정치활동가 중에 그 지략과 수완이 일개 왕후의 위에 가는 자가 없었으니 왕후는 실로 당대 무쌍의 뛰어난 인물이었다.」

기어코 야수 같은 일본은 1895년 10월 8일 새벽, 명성황후를 시해하는 만행 곧 을미사변을 일으켰습니다. 을미사변은 일본군 경성수비대의 엄호 하에 일본의 군인과 경찰과 낭인 등으로 구성된 폭도들이 조선의 안방 경복궁으로 무단침입하여, 조선의 국모인 명성황후를 시해하고 그 시신을 불태운 사건입니다. 이는 도저히 있을 수 없는 비극적 정변으로, 외국 군대가 왕궁을 무단침입하여 국모를 시해한 사건은 동서고금을 막론하고 전무후무한 일이었습니다.

주한일본공사로서 1895년 9월 1일 조선에 부임했던 육군 중장 출신 **미우라 고로**는 9월 17일, 한성신보 사장 **아다치 겐죠**(안달 겸장, 安達 謙蔵)와 '여우 사냥'이라는 작전명을 세워 명성황후 시해를 위한 치밀한 작전을 구상하기 시작했습니다.

10월 7일 새벽 2시 조선 정부가 훈련대의 해산을 명하자, 계획 예정일(10일)을 앞당겨 8일에 명성황후를 살해하기로 결정짓게 됩니다. 새벽 2시 일본 경성수비대 제 2중대장이 제 2대대를 이끌고 춘생문 부근에 집결하였고, 새벽 3시에는 훈련대 병사들이 마포 공덕리 별장에 있던 대원군을 가마에 태워 입궐시키기 위해 경복궁으로 향하고 있었습니다. 이들이 대원군을 입궐시키려 한 이유는 대원군이 명성황후를 살해한 것처럼 위장하기 위해서였습니다. 오전 6시 10분경 경복궁 근정전 옆 강녕전에, 이 일을 강력히 반대하는 대원군을 협박하면서 내려놓았습니다.

이보다 조금 앞선 **새벽 5시 30분경** 폭도들은 경복궁 정문인 광화문으로 들이닥쳐 담을 넘어 광화문 빗장을 풀고 경비대와 총격전을 벌였는데, 이때 훈련대 연대장인 홍계훈 일행이 죽었고 나머지 경비대들은 도주하였습니다. 폭도 중 한 무리는 고종의 침전이 있는 곤령전으로 쳐들어가 고종과 왕세자(이탁, 훗날의 순종)에게 난폭한 행동을 하였는데, 폭도들은 고종 어깨를 손으로 눌러 주저앉혔으며,

왕세자의 머리채를 잡고 칼등으로 목을 쳐서 의식을 잃게 하였습니다. 이어 폭도들을 이끈 미우라 고로는 건청궁(乾淸宮) 안의 곤녕합(坤寧閤)으로 향하였고 마침내 명성황후의 침전 옥호루(玉壺樓)에 당도했습니다. 폭도들은 각기 황후의 초상화를 한 장씩 가지고 있었으며, 명성황후가 평소 가까이했던 일본인 소촌실(小村室)의 딸이 그들을 인도하였습니다. 그날 밤, 대궐 안은 횃불이 환히 비쳐 개미도 헤아릴 정도였습니다. 황후는 궁내부대신 이경직(李耕稙)의 급보를 받고 잠자리에서 뛰쳐나와 도망쳤으나 이내 붙잡혀, 적들은 명성황후의 머리채를 휘어잡아 뜰로 끌어내 내동댕이쳤습니다. 두 팔을 벌려 황후 앞을 가로막았던 궁내부대신 이경직은 양 팔목이 잘리는 중상을 입고 쓰러져 피를 뿌리며 죽었습니다. 사나운 일본 폭도들은 명성황후를 거칠게 끌고 가서 구둣발로 가슴을 무자비하게 짓밟고 일본도를 휘둘러 거듭 내려치며 난도질하였습니다. 궁내대신 이경직을 저격하고 왕비에게 최초로 칼을 휘둘러 치명상을 입힌 자는 미야모토 다케타로였는데,[13] 그는 경성수비대장 **우마야하라**(마옥원 무본, 馬屋原務本) 소좌를 따라서 직접 명령을 받고 행동했습니다.

이 음모는 본래 새벽 4시에 완료하여 정체를 드러내지 않으려 했던 것인데, 대원군 동원에서부터 시간 계획에 차질이 생겼습니다. 오카모토와 호리구치 군이 한밤중에 경성 교외의 대원군 저택으로 가서 재촉했지만 대원군은 좀처럼 나서지 않았습니다. 우물쭈물하다가 날이 새기 시작했으므로 다수의 일본 장사들이 가세하여 억지로 대원군을 끌어내고 앞장을 세워서 왕궁으로 향했습니다.[14] 경복궁 광화문에 도착한 것이 새벽 5시 30분, 건청궁의 곤녕합에서 살해

---

13) 김문자, 「명성황후 시해와 일본인」, 김승일 역 (태학사, 2011), 294. 외무성 조사부 제1과 편, 「内田定槌氏述 在勤各地ニ於ケル主要事件ノ回顧」(『近代外交回顧録』 제1권 수록, ゆまに書房, 2000년)
14) 「명성황후 시해와 일본인」, 299.

가 이루어진 것은 6시 경이었습니다.[15]

끝내 조선의 국모는 45세의 젊은 나이에 야수 같은 일본군에게 무참히 살해되고 말았습니다. 게다가 악당들은 실수가 없이 확실히 해치워야 한다며 명성황후와 용모가 비슷한 몇몇 궁녀들까지 함께 살해하였습니다(1895.10.11. 주한영국영사 힐리어의 보고).[16] 모두가 잠든 새벽에 들이닥쳐 만행을 저지른 그들은 사체를 옥호루 안으로 옮겼다가 쪽문으로 끌어내었습니다. 명성황후의 유해 처리 과정에 대하여 그 당시 경성영사 우치다 사다쯔치(내전 정퇴, 內田定槌;1893.12-1896.7)는, 후일(1938년) 외무성의 조사에 응하여 다음과 같이 말하였습니다.

「그 유해는 왕궁 안의 우물에 던져졌는데, 그렇게 하면 즉시 범죄의 흔적이 발견될 것으로 염려가 되어 다시 유해를 꺼내 왕궁 안의 소나무 숲에서 석유를 붓고 태웠다. 그래도 여전히 걱정이 돼서 이번에는 연못 속에 던졌지만 가라앉지 않아서 다시 그 다음날인가 연못에서 건져내어 소나무 숲에 묻었다. 그와 같은 유해 처리 과정에 대하여 나중에 관여자로부터 들었는데, 좌우간 나는 매우 걱정스러웠다.」[17]

우치다는 역사상 고금을 통틀어 전례 없는 흉악한 사건이라며 강한 유감을 품으면서도, 일본의 명예를 지키기 위하여 관리와 군대의 관여를 은폐하는 공작에 적극적으로 가담하였습니다.[18]

저들은 그 흔적마저 없애기 위해 명성황후의 시신을 검은 색 얇

---

15) 이태진·이상찬, 「조약으로 본 한국병합」(동북아역사재단, 2010), 116.
16) 국군장병을 위한 한국 근현대사 간행위원회, 「사실로 본 한국 근현대사」(황금알, 2008), 52.
17) 「명성황후 시해와 일본인」, 306.
18) 「명성황후 시해와 일본인」, 315-316.

은 천으로 싸서 석유를 끼얹고, 경복궁 내 건청궁 뒷산인 녹산(鹿山)에서 불태웠습니다. 참으로 광기로 가득한 기막힌 참변이었습니다. 재와 뼛조각을 수습해 태운 자리에 묻고, 「민 황후 조난의 터」라는 비석을 세웠습니다. 명성황후는 조선의 국모(國母), 온 국민의 어머니였습니다. 황후의 죽음은 곧 국가 패망의 암시와도 같았습니다. 일제가 무단침입하여 우리의 어머니를 뜰로 내동댕이쳐서, 그 가슴을 군화로 짓밟고 수십 군데를 칼로 찔러 처참하게 살해하고, 석유를 뿌려 불태웠으니, 그 사체마저 욕보인 것입니다. 실로 야수 같은 일제는 조선의 안방에서 천인공노할 만행을 저질렀습니다. 민족은 유린당하고 그 비분은 터질 듯 하늘에 사무쳤지만 조선에게는 일제에 대항할 아무런 힘이 없었습니다.

미우라 고로는 여기서 그치지 않고, 시해된 명성황후가 궁궐을 탈출하였다는 유언비어를 퍼뜨리고, 임금을 협박하여 명성황후를 폐하여 서인(庶人:일반 서민)으로 한다는 조서를 내리도록 하였습니다. 이에 따라 민간에서는 명성황후가 충주에 가 있다는 소문이 자자했고, 또 진주의 옥천암에 있다는 말도 떠돌았습니다.

② 아관파천(俄館播遷)

당시 농상공부대신 정병하와 군부대신 조희연 등은 이 사실을 사전에 알고 있었고, 이들은 명성황후를 폐하여 서민으로 강등시키고 간택령을 내렸습니다. 친러파를 축출하고 친일파를 다시 등용하였으며 유길준과 조희연은 궁궐에서 삭발하지 않으면 모두 죽이겠다고 협박하였습니다. 정병하는 고종의 상투를 자르고 머리를 깎았으며, 유길준은 세자의 상투를 자르고 머리를 깎았습니다.

황후의 야만적인 시해 다음날 고종은 '형편없는 의기소침의 상태'에서 신변의 위협을 느껴 애처로울 정도로 떨고 얼굴에는 핏기가 하나도 없었으며, 체통을 무릅쓰고 한없이 통분하여 울고 있었다고 합니다. 게다가 독살의 위험 때문에 침식조차 자유롭지 못해, 당시 선교사들이 매일 밤 당번을 정해서 두 세 사람씩 고종을 지키기를 7주 동안 계속하였습니다.[19] 고종은 1896년 2월 11일 새벽, 궁녀들의 가마를 타고 위장하여 가까스로 궁궐 문을 빠져나와 러시아 공사관으로 피하였습니다. 이렇게 약 1년간 조선의 왕궁을 비우고 러시아 공사관에서 거처하게 된 사건을 **아관파천**이라 부릅니다.

고종이 러시아 공사관에 도착한 후 친일파 대신들을 모두 파면하면서 일본의 입지는 축소되었고, 러시아의 영향력은 막강해졌습니다. 새로운 강자로 등장한 러시아가 일본의 입 안에 거의 들어가 버린 조선에 잠시나마 시간을 벌어 주어 간신히 살아날 수 있었던 것입니다. 이때 친일파였던 김홍집, 정병하, 어윤중이 죽임을 당하였고, 김윤식은 제주도로 귀양 보내졌으며, 유길준은 일본으로 도망을 쳤고, 대원군은 운현궁에 연금되었습니다.

한편 을미사변 후 '국모의 원수를 갚자'라는 상소문은 끝이 없었습니다. 결국 의병들이 일어나기 시작하였습니다. 이천 여주 지방에서는 박준영을 중심으로 2천여 명이 모였고, 춘천에서는 이소응을 중심으로 천여 명이 모였습니다. 또한 제천의 유인석, 강릉의 민용호, 홍주의 김복한, 산청의 곽종석, 문경의 이강년, 장성의 기우만 등이 중심이 되어 의병이 일어났습니다.

③ 대한제국 공포

1897년 2월 20일 러시아 공사관에서 경운궁(현재의 덕수궁)으로 돌아온 고종은, 그 해 10월 국호를 대한(大韓)이라 하고, 대한제국의 **헌법을 공포하였으며 고종 황제 즉위식을 하였습니다.** 고종은 김병

---
19) 민경배, 「한국기독교회사」 (연세대학교 출판부, 2007), 223-225.

시, 정범조 등 온건 개혁파를 등용하였습니다.

이 후 대한제국은 모든 분야에 있어 자주독립과 근대화를 위한 개혁에 박차를 가하였습니다. 1896년 4월 7일에는 **독립신문**(순한글신문)을 창간했고, 3개월 뒤 1896년 7월에는 **독립협회**가 결성되었습니다. 독립협회는 1898년 12월까지 약 30개월간 한국을 대표하는 정치단체로 활약하였습니다. 또한 독립을 천명하는 상징물을 세우자는 서재필의 아이디어로 **독립문**이 세워졌는데, 1896년 11월부터 1897년 11월 20일까지 약 1년간 45cm×30cm의 화강암 1,850개를 들여 완공했습니다. 독립문에는 당시 청과 일본을 비롯한 세계 열강으로부터 우리나라를 지켜 반석 위에 굳건히 세운다는 온 국민의 염원을 담은 글이 태극기 문양과 함께 선명히 새겨져 있습니다.

"오늘 우리는 국왕이 서대문 밖의 영은문 터에 독립문을 건립할 것을 결정한 사실을 경축한다. 이 문은 다만 중국으로부터 독립을 의미할 뿐 아니라, 일본, 러시아 그리고 모든 유럽으로부터 독립을 의미하는 것이다. 독립문이여 성공하라, 그래서 다음 세대들로 하여금 잊지 않게 하라 (June 20th 1896, *The Independent*).[20]"

그런데 독립협회 회장 이완용과 이상재, 남궁억 등은 일본의 조종을 받아 고종황제를 폐위하려 하였습니다. 이들은 박정양을 대통령에, 윤치호를 부통령에, 그리고 각 부 장관에는 독립협회 임원들을 임명하는 조직을 발표하고 공화국을 선포하였습니다. 이에 고종은 크게 노를 발하고 독립협회 임원 17명을 구속하고 아예 독립협회를 해체하고 말았습니다.

---

20) 「사실로 본 한국 근현대사」, 58.

(2) 1904년, 러일전쟁과 한일의정서

1904년 2월 8일에 일본의 육군 선발대가 인천 월미도에 상륙하여 서울로 향하는 한편, 일본 함대는 뤼순(旅順, 여순)의 러시아 함대를 기습 공격하여 9일에는 인천 앞바다에서 러시아 함대와 격돌하였습니다. 그리고 10일 러시아와 일본은 각각 선전포고를 하고 전쟁을 시작했습니다. 주한 러시아 공사 파블로브(A.Pavlov)는 12일에 군대의 보호를 받으며 서울을 빠져나갔습니다.

일본과 러시아가 만주와 조선에 대한 세력 다툼과 전쟁으로 갈등이 고조되었을 때, 대한제국은 이에 휩쓸리지 않기 위해서 중립을 선언하였습니다(1904년 1월 23일). 그러나 일본은 조선을 자신들의 전쟁에 유리하도록 이용하였고, 또 한국 침략의 고지를 선점하기 위해 협약 체결을 요구하였습니다. 일제의 협박 및 강요에 의해 친일파 이지용과 일본공사 하야시 곤스케(林權助)에 의해 맺어진 협약이 바로 '한일의정서'(1904년 2월)입니다.

겉으로는 대한제국의 안전을 지킨다는 명목을 내세웠으나, 이를 빙자하여 일본은 대한제국의 영토를 자유롭게 사용할 수 있었고 군사 활동을 자유롭게 하며 여러 이권을 점유하는 등 실제로는 러일전쟁에 대비한 전략적 협약을 강요했던 것입니다. 이로써 한국의 통신기관을 군용으로 접수하고, 경부·경의선 철도부설권도 일본 군용으로 넘겨졌습니다. 이를 통해 일본은 정치·군사적으로 대한제국을 침략하기 위한 확실한 발판을 마련하게 된 것입니다.

그 후 러일전쟁에서 승리가 굳어진 일본은, 한국 정부에 재정고문과 외교고문을 배치했습니다(제1차 한일 협약, 1904년 8월 22일). 이후 일본의 육군은 한반도를 거쳐 남만주로 진격하여, 1905년 1월 뤼순 요새를 함락하고 이어 봉천을 점령하였습니다. 또한 일본 해군은 1905년 5월, 유럽에서 원정 온 러시아의 발틱함대를 대한해협에서 격파하여 해상에서 완승을 거두었습니다. 1년이 넘게 장기간 지속되던 전쟁은 미국의 루즈벨트 대통령의 중재로 1905년 9월 **포츠머스 강화회의**에서 러시아가 일본에 굴복, 조약을 맺음으로 끝이 났습니다.

러일전쟁은 한국과 만주에 대한 분할권을 둘러싸고 싸운 것이었으며, 그 배후에는 영국과 프랑스, 미국 등이 있었습니다. 이들 국가들은 러시아의 남진을 막고자 일본의 조선 지배를 인정하였습니다. 러시아는 일본과의 전쟁에서 패배한 결과로 볼셰비키 혁명운동이 진행되었고, 전쟁에서 승리한 일본은 한국에 대한 독점적 지위권을 확보함으로써 한국을 거점 삼아 만주로 진출할 수 있게 되었습니다.

1894-1895년의 청일전쟁에서 승리하고 1905년의 러일전쟁에서도 승리한 일본은, 당시 대한제국인 우리나라에 대한 정치적, 군사적, 경제적 간섭에 거칠 것이 없었습니다. 이제 조선을 점령하는 일만 남은 것입니다. 따라서 일제는 조선 점령을 위해 고종황제 곁에 친일파 중심의 각료를 조직하도록 유도했으며, 군인 2만 명을 용산에 주둔시켰습니다.

(3) 1905년 11월 17일, 을사보호조약(을사늑약)

을미사변으로부터 약 10년 후, 우리나라는 1905년 11월 17일 일제의 강요에 의해 을사늑약(제 2차 한일 협약)을 맺게 됩니다. 이는 이토 히로부미(이등 박문, 伊藤博文)가 밤에 대궐을 침범하여 강제로 체결한 것으로, 조약의 공식 명칭도 없고 황제의 서명도 없는 괴문서였습니다. 그 내용의 핵심은 외교권 박탈, 그리고 통감부를 두어 조건을 지배한다는 내용이었습니다.

이토 히로부미는 1905년 11월 17일 오후, 조선 주둔 일본군 사령관 하세가와를 대동하고 덕수궁 앞과 회의장 안을 완전무장한 일본군으로 겹겹이 둘러쌌습니다. 서울 시내 전역은 기병 800명, 포병 5,000명, 보병 2만 명이 장악하여 위협적인 시위행진을 진행하고 있었습니다. 당일 이토 히로부미는 구완희, 박용화 등을 시켜 일본군을 인도하여 궁궐 담장 둘레에 대포를 설치했습니다.

이토 히로부미가 5개 조항에 대해 고종황제에게 온갖 방법을 동원하여 허락해 주기를 청하였으나 고종은 이를 끝까지 거절하였습니다. 그러나 이토 히로부미는 "이는 신(臣)의 뜻이 아닙니다. 진실로 본국 정부의 명령을 받고 온 것입니다. 이 일이 인준된다면 양국 관계가 행복해질 것이며 동양 평화도 영원히 유지될 것입니다. 속히 허락해 주십시오."라고 했습니다. 그러나 고종황제는 "만일 이 조약을 허락한다면 곧 나라가 망할 것이다. 차라리 짐이 목숨을 끊을지언정 결단코 허락할 수는 없다."라고 말하였습니다.

이토는 덕수궁 별채인 중명전(重明殿, 수옥헌:漱玉軒)을 총검으로 빽빽이 늘어세워 철통같이 에워쌌습니다. 그리고 일본군 사령관 하세가와를 대동하고 들어와 회의를 개최할 것을 청하였습니다. 한규설이 완고하게 불가능하다고 하자, 이토는 그의 손을 붙잡고 수락할 것을 요청하였습니다. 이토가 힘껏 요청하자 고종이 "짐을 반드시 볼 필요가 없고 정부에 가서 대신과 협의하라."고 하자, 이토는 물러나면서 즉시 어전회의를 열었습니다. 이토 히로부미는 이 회의에 참석한 각료에게 "떼를 쓰면 모두 죽이겠다"라고 협박하여, 한 사람 한 사람씩 조약체결에 대한 찬·반 의사를 물으면서 찬성을 강요하였습니다.

참정부대신 한규설은 어떤 위협에도 굴하지 않고 한결같이 반대하였고, 법부대신 이하영과 탁지부대신 민영기도 '부(否)'자를 써서 절대불가의 뜻을 굽히지 않았습니다. 실로 국가의 앞날을 걱정한 몇 안 되는 충복들이었습니다.

외부대신 박제순도 '부(否)'자를 썼는데 '부'자 아래에 주(註)를 달기를 "위 조약의 자구를 조금 고친다면 의당 인준할 것이다."라고 하였습니다. 이토는 "그것이 뭐가 어렵겠소?"하고는 붓을 들어 두세 곳을 지우고 고쳐 다시 의논하도록 하였습니다. 그리고는 한규설, 이하영, 민영기 이외의 모든 대신이 일제히 '가(可)'자를 썼습니다. 한규설은 고종 황제에게 가다가 붙잡혀 수옥헌 협방에 갇혔고, 좌우에서 그를 붙잡고 지키도록 했습니다.

이 후 이토는 외부대신 박제순에게 외부의 인장을 가져오게 하고, 도장이 들어오자 일제히 강제 날인을 하였습니다. 자정이 넘어 11월 18일 새벽 1시 반에서 2시 사이, 이토 히로부미는 학부대신 이완용, 군부대신 이근택, 내부대신 이지용, 외부대신 박제순, 농상공부대신 권중현을 앞세워 찬성하는 서명을 하게 함으로써 조약 안건이 가결되었다고 선언하였습니다. 이때 을사보호조약을 승인한 **박제순, 이근택, 이지용, 이완용, 권중현** 다섯 명을 나라를 팔아먹은 **을사오적(乙巳五賊)**이라고 부릅니다.

학부대신 **이완용**

이토 히로부미

마침내 일제는 한국의 외교권을 빼앗고 통감부를 설치하여 한국을 일제의 보호를 받아야 하는 보호국으로 만들었습니다. 일제는 한국의 목에 총칼을 겨누고 강제로 도장을 찍게 하여 나라를 일제에 넘기도록 강도질을 한 것입니다.

을사조약의 전문은 다음과 같습니다.

> 한국 정부와 일본 정부는 양 제국을 결합하는 이해 공통의 주의를 공고히 하고자 한국의 부강지실을 인정할 수 있을 때에 이르기까지 이 목적을 위하여 다음의 조관을 약정함.
> 1. 일본 정부는 일본 외무성을 경유하여 금후 한국이 외국에 대하는 관계 및 사무를 감리·지휘하고 일본의 외교 대표자 및 영사는 외국에 있는 한국인 신민 및 이익을 보호함. *외교권 대행
> 2. 일본 정부는 한국과 타국 간에 현존하는 조약의 실행을 완수하는 책임에 있어서 한국 정부는 금후 일본 정부의 중개를 경유하지 않고서는 국제적 성질을 가진 어떠한 조약이나 약속을 하지 않기로 함. *외교권 박탈
> 3. 일본 정부는 그 대표자들로 하여금 한국 황제 폐하의 궐하에 1명의 통감을 두되 통감은 전적으로 외교에 관한 사항을 관리함을 위하여 경성에 주재하고 친히 한국 황제를 알현하는 권리가 있음. 일본 정부는 또한 한국의 각 개항장 및 기타 일본 정부가 필요하다고 인정하는 지역에 이사관을 설치하는 권리를 가지며, 이사관은 통감의 지휘하에 종래 재한국 일본 영사에게 속하였던 일체의 직권을 집행하고, 아울러 본 협약의 조관을 완전히 실행하기 위하여 필요로 하는 일체 사무를 관리함. *내정 간섭
> 4. 일본과 한국 간에 현존하고 있는 조약과 약속은 본 협약 조관에 저촉되지 않는 한 모두 그 효력을 계속하는 것으로 함.
> 5. 일본 정부는 한국 황실의 안녕과 존엄을 유지하도록 보호함.

이 조약은 한국이 외교뿐 아니라 실제로 국권을 침탈당하는 결과를 가져왔습니다.

참정부대신 한규설은 조약이 강제로 맺어진 것을 보고 줄곧 분개하여 덕수궁이 떠나가도록 슬피 울부짖었으며, 얼마 뒤 각 부 대신은 모두 모여 한바탕 통곡하였습니다. 박제순도 따라서 통곡하자 한규설은 그에게 "오늘 아침에 만났을 때 공은 반대한다고 하면서 협박에 못 이겨 날인하게 될지도 모르니 연못에 인장을 던져 버리자고 하더니, 끝내 이와 같이 하였소?"라고 꾸짖었습니다. 외부대신 박제순은 군부대신 이근택, 농상공부대신 권중현과 함께 이토로부터 뇌물을 받아 갑자기 거부가 되었습니다.[21]

한편, 군부대신 이근택의 아들은 참정부대신 한규설의 사위였는데, 한규설의 딸이 시집갈 때 데리고 간 여종이 이근택을 크게 꾸짖고 다시 한규설의 집으로 돌아갔다는 일화가 있습니다.

이근택은 대궐에서 돌아오며 숨을 헐떡이면서 집안 식구들에게 강제 조약이 체결된 일에 대해 말하고는, "나는 다행히 죽음을 면하였다."고 하였다. 그 여종이 부엌에 있다가 이 말을 듣고서 식칼을 들고 나와 부르짖기를, "이근택, 너는 대신의 몸으로 국은(國恩)이 얼마나 되느냐? 나라가 위태로운데 죽지 못하고 도리어 '내가 다행히 죽음을 면하였다' 하니 너는 참으로 개, 돼지만도 못하구나. 나는 비록 천한 사람이지만, 어찌 개, 돼지의 종 노릇을 하겠느냐! 나는 힘이 약해 너를 만 번 죽이지 못하는 것이 한이로다. 차라리 옛 주인에게 돌아가겠다." 하였다. 그리고는 드디어 한씨의 집으로 돌아갔다.[22]

---

21) 황현, 「역주 매천야록·하」, 임형택 외 옮김 (문학과 지성사, 2006), 257, 265.
22) 「역주 매천야록·하」, 252.

을사늑약 직후 일본이 한국의 외교권을 강탈했다는 소식이 알려지자, 전 국민들은 분노에 휩싸여 조약에 서명했던 대신들을 공박하고 조약을 반대한다는 투쟁이 일파만파로 확산되었습니다.

전국은 비통에 잠기고 교회는 울음바다가 되었습니다. 상소로 조약체결에 강하게 반대하였지만 효과를 얻지 못하자 민영환(1865-1905년)이 자결하였고, 김하원, 이기범, 차병수 등은 '사수국권'이라 쓴 경고문을 종로 네거리에 게시하고 운집한 시민들에게 통렬한 구국 연설을 하였던 까닭에, 일본 경찰과 헌병의 칼을 받아 치명적인 부상을 입고 감금되었습니다.[23]

황성신문사의 장지연은 강제 조약을 맺은 과정을 사실대로 기록, **"시일야방성대곡"**(오늘이여, 목놓아 크게 우노라!)이라는 제목의 사설을 실어 일제의 검열을 무시하고 곧바로 인쇄하여 돌렸고, 피맺힌 절규와 같은 장지연의 사설을 읽은 온 국민은 크게 통분하였습니다. 이에 이토는 장지연을 잡아 가두고 신문사를 즉각 폐쇄조치하였습니다.

당시 뜻있는 자들은 지위고하를 막론하고 나라의 앞날을 걱정하며 을사늑약의 소식에 그 원통함과 울분을 참지 못해 쓰러져 까무러친 자, 너무 통곡하여 실성한 자, 땅에 몸을 던지고 바위에 머리를 부딪쳐 거꾸러진 자, 아예 음식을 먹지 못하는 자 등 말로 다 할 수 없는 일들이 많았습니다. 나라를 잃어버린 그 순간, 하늘에 사무치는 끝없는 울분과 통곡! 그것이 당시 온 국민들의 마음이었을 것입니다. 당시 서울 도성의 어수선했던 상황을 「역주 매천야록」하권(251-252쪽)에서는 다음과 같이 기록하고 있습니다.

---

23) 대한매일신보 1905년 12월 2일자

「이때부터 온 도성 안은 기가 땅에 떨어졌고, 방방곡곡에서는 수백 수천 명이 무리를 지어 "나라가 망했으니 우리들이 어떻게 살아간단 말인가!" 하고 부르짖었다. 미친 듯 취하여 비통해 부르짖고 몸 둘 곳이 없는 듯 움츠러들었으며, 밥 짓는 연기가 오르지 않아 그 정경의 참담함은 바로 전쟁을 치른 듯하였다. 일본인들이 군사를 파견, 순찰을 돌며 비상의 사태에 대비하였으나, 수군수군 비방하는 말은 끝내 금지할 수 없었다. 이런 분위기가 한 달 남짓 계속되었다.」

나흘이 지나 고종황제는 11월 22일 황실고문 헐버트에게 "짐은 총칼의 위협과 강요 아래 최근 양국 사이에 체결된 이른바 보호조약이 무효임을 선언한다. 짐은 이에 동의한 적도 없고 금후에도 결코 아니할 것이다. 이 뜻을 미국 정부에 전달하기 바란다."라며 거부의 뜻을 분명히 하고 만천하에 공포하였습니다.

한편, 일제는 우리나라의 경제권을 일본에 완전히 예속시켜 식민지 건설을 위한 기반을 조성하고자 여러 차례에 걸쳐 강제로 차관을 들여오게 하였는데, 그 액수는 대략 1,300만원 정도였습니다. 이에 1907년 2월부터 일제로부터 빌려온 돈을 갚아 일제의 예속에서 벗어나기 위해 김광제와 서상돈을 주축으로 '국채보상운동'이라는 사회계몽운동이 시작되었습니다. 고종황제를 비롯 민족자본가들과 지식인들, 상인들, 부녀자들까지 모두 참여하여 매우 활발하게 전개되었습니다. 그러나 양기탁에게 국채보상금 착복 혐의를 뒤집어 씌워 구속하는 등 일제의 탄압 때문에, 큰 성과를 보지 못하고 주저앉고 말았습니다.

3. 안중근 의사 의거
(1909년 10월 26일 오전 10시)

The patriotic deed of the martyr Ahn Jung-geun
(October 26, 1909, 10AM)

(1) 고종의 강제 퇴위와 마지막 버팀목 군대의 강제 해산
① 고종의 강제 퇴위(1907년 7월 19일)

일제는 을사보호조약을 강제로 체결한 뒤 1906년에는 통감부를 설치하였습니다. 고종황제는 대한제국의 독립을 주장하기 위해 네덜란드 헤이그에서 열린 만국평화회의에 이준, 이상설, 이위종을 비밀리에 파견하였습니다. 그러나 일제의 방해로 회의장에 들어가지도 못하여 그 뜻을 이루지 못했습니다. 이에 울분을 누르지 못한 이준은 자결하였고, 세 명의 특사가 헤이그에 도착할 수 있도록 도운 헐버트 선교사는 아예 추방되고 말았습니다. 이토 히로부미는 1907년 6월 헤이그 밀사 사건을 꼬투리 잡아 1907년 7월 19일 고종을 강제 퇴위시켰습니다. 이 후 일제는 대한제국의 국가 체제에 마지막 숨통을 조이기 위해 법령제정권, 관리임명권, 행정권 및 일본 관리의 임명 등을 내용으로 한 7개 항의 조약안을 제시, 1907년 7월 24일 이완용과 이토 히로부미 명의로 조약을 체결하고 조인하였습니다. 이를 정미7조약(한일신협약)이라고 하며, 고영희(탁지부대신), 송병준, 이병무(시종무과장), 이완용(내각총리대신), 이재곤, 임선준, 조중응(농상공부대신) 등 7명을 '정미7적'이라고 부릅니다.

② 조선의 마지막 버팀목 군대의 강제 해산(1907년 8월 1일)

1907년 8월 1일 오전 9시 대한제국군 해산 명령이 하달되었습니다. 이토 히로부미는 조선 주둔 일본군 사령관 하세가와와 함께 대한제국군 해산에 대한 조서를 제멋대로 작성하여, 하세가와와 총리대신 이완용, 군부대신(국방장관) 이병무 세 사람이 창덕궁에 들어가 순종 황제의 재가를 받으려 하였습니다. 순종이 떨리는 목소리로 거부의 뜻을 밝히자, 이완용은 "나라의 재정이 궁핍하여 용병은 해산하는 편이 좋을 듯 하옵니다."라고 말하였고, 이병무는 이완용의 말을 거들어 "용병을 해산해야 국고가 든든해질 것입니다."라고 말하였습니다.[24] 순종은 할 수 없이 조서에 서명하였습니다.

일제는 대한제국의 마지막 버팀목이었던 군대를 강제 해산시켜 한국의 군사력을 완전히 무력화하였습니다. 서울의 시위대와 지방의 8개 진위대(군부대)의 무장을 해제하였습니다. 1년 이상 근무한 병졸에게는 50원, 1년 미만 근무자는 25원, 하사 계급 이상은 80원씩 지급하였습니다. 이때 쌀 한 섬이 3원이었습니다. 서울의 시위대 4,000여 명, 지방 진위대 4,800여 명 총 8,800여 명의 한국군이 무장해제 당하였습니다. 군대 해산 때 남대문에서 일본군과 싸우다 한국 군인 63명이 전사, 1,000여 명이 부상하였고, 500여 명이 체포되었습니다. 국가 주권의 최후 보루라고 할 수 있는 군대가 완전히 해산됨으로써 수족이 잘린 우리나라는 제대로 저항도 못 해 보고 일방적으로 점령을 당하여 사실상 일본의 속국이 되고 말았습니다. 이 외에도 일본은 우리나라와 기유각서(己酉覺書)[25]를 체결하였고(1909년 7월 12일), 1910년 6월 25일에는 조선인 경찰권 위탁각서를 체결, 6월 29일에는 대한제국 경찰을 해체하였으며, 만주의 간도(연변)도 청나라에 넘겼습니다(1909년 간도협약).

---

24) 군부대신 이병무는 조서를 읽으라는 하세가와의 명령투의 말에 당황하면서 그것을 읽었다. "짐이 생각건대 국사 다난한 때를 맞아 비용을 절약하여 후생사업에 응용하는 것이 오늘의 급선무이다. 여러 모로 우리의 군대는 용병으로 조직된 관계상, 상하가 일치하여 국가를 방위하는 데 부족하다. 짐은 군제의 쇄신을 꾀하기 위하여 사관의 양성에 진력하고 다른 날 징병법을 발표하여 곤고한 병력을 구비하고자 하므로 짐은 이를 관계관에게 명하여 황실 시위에 필요한 자만을 남겨 두기로 생각하여 계급에 따라 은금(恩金)을 나누어 주니 짐의 뜻을 새겨 각자 생업에 종사하도록 하라. 군대 해산 시 인심이 동요하지 않도록 예방하고 혹시 조서를 어기고 폭동을 일으킨 자의 진압을 통감(이토 히로부미)에게 의뢰한다."

25) 기유각서(己酉覺書): 1909년 기유년 7월 12일 작성된, 한국의 사법권(司法權) 및 감옥 사무(監獄事務)의 처리권을 일본 정부에 위탁하는 각서.

③ 군대 강제 해산 이후의 의병 활동

1907년 헤이그밀사사건, 고종 퇴위, 정미7조약, 군대 강제 해산 등의 충격으로 의병이 크게 일어났습니다. 군대가 강제 해산된 뒤, 해산된 조선군 8,800여 명 중 5,000여 명이 의병이 되어 무기를 들고 지방의 의병 부대에 합류해 들어갔습니다. 이때 의병을 이끌었던 대표 의병장은 신돌석·홍범도였으며, 전국 의병장은 255명이었습니다.

1907년 전국 13도 의병은 1만여 명으로, 이인영을 총대장, 허위를 군사장으로 하여 창의군을 창설하고, 서울을 공격하기 위해 작전을 세웠습니다. 이인영은 전국 의병들에게 격문을 보내 양주로 집결할 것을 호소하였습니다. 1908년 1월에는 서울 통감부 공격 작전을 개시하였습니다. 허위가 300명을 이끌고 선발대로 진격했는데, 동대문 밖에서 일본군의 선제공격으로 서울 공격 계획이 실패하였고 창의군은 해체되었습니다. 이 외에도 계속해서 충북과 강원도 등에서 항전하였으며, 홍범도 장군은 삼수갑산 등지에서 일본군과 37회나 전투할 정도였습니다.

일본은 이에 당황하여 보병 1개 사단, 기병 1개 연대, 헌병 6,000명으로 의병 토벌에 나서 의병을 무자비하게 전멸시키는 등 더욱 강력하게 대응하였습니다. 이때 의병들은 만주 북간도로 후퇴하였습니다. 1909년 1월 박용만은 미국에서 **국민회**를 창설하였고, 1914년 하와이에서 대조선 국민군을 조직하였으며, 사관학교를 세워 군사행동을 준비하였습니다. 1913년 안창호는 미국에서 **흥사단**을 조직하였으며, 1919년 김구·여운형이 상해에서 **신한청년단**을 조직하였습니다.

(2) 이재명 의사(義士)의 매국노 이완용 암살 시도

나라의 앞날이 캄캄하고 완전히 망해 가는 비운의 시기에, 대부분의 사람들은 더 이상 무기력해진 나라를 되찾으려 애쓰지 않고 조국을 등지고 제 살 길을 찾아 뿔뿔이 흩어져 갔습니다. 그러나 일부 뜻있는 사람들은 나라를 구하기 위해 한국침략에 혈안이 된 일본인과 친일 한국인을 처단하는 의열 투쟁을 활발하게 진행하였습니다.

나인영(나철), 오기호 등은 **을사오적**을 처단하려 계획하였다가 실패하였으며(1907년 3월 25일), 1908년 3월 23일에 전명운과 장인환이 한국의 외교고문으로 일제의 앞잡이 노릇을 해 온 스티븐스를 사살하였습니다. 스티븐스는 샌프란시스코에서 일제의 한국 지배가 한국에 유익하고 한국인이 만족해 한다는 성명을 발표했던 자입니다.

고종황제의 강제 퇴위, 사법권과 행정권, 모든 관리의 임명권이 일본으로 넘어가고, 급기야 군대까지 강제로 해산되어 버린 우리 민족은 너무도 위태로운 형편에 처하게 되었습니다. 이처럼 이름만 남아 위기에 처한 나라를 일제에 넘겨주는 일을 주도한 자가 바로 이완용이었습니다.

이에 1909년 12월 22일 오전 11시 30분경 이재명(20세) 의사(義士)는, 을사조약 체결에 앞장선 이완용이 합병을 추진하는 것에 분개하여 그를 처단하려는 계획을 세우게 됩니다. 이완용이 종현 카톨릭 성당(현재 명동 성당)에서 열리는 **벨기에 황제 레오폴트 2세 추도식**에 총리대신 자격으로 참석하였다가 돌아가려고 인력거에 올라 출발하려는 순간, 이재명이 인력거꾼을 찌르고 이완용의 왼쪽 어깨를 찔렀습니다. 이완용이 칼을 피하려고 인력거에서 굴러 떨어졌으나 이재명이 다시 두 번을 더 찔렀으므로 크게 부상을 입고 피를 많이 흘려 2개월 동안 입원 치료를 받았습니다. 이재명 의사는 일제로부터 사형선고를 받아 한일합병 후 1910년 9월 13일 처형되었습니다.

한편 조국을 배반하고 팔아먹은 만고의 매국노 이완용의 말로는 비참하였습니다. 그는 1926년 2월 11일 68세에 폐렴으로 생을 마감했는데, 장례식은 조선총독부에 의해 고종의 국장 이후 가장 화려하게 치러졌습니다. 그리고 천하의 명당이라고 하는 전라북도 익산군 낭산면 낭산리 성인봉에 묻히게 됩니다. 그러나 소풍 나온 아이들도 이완용의 묘라고 하면 침을 뱉고 짓밟자, 1979년 그의 증손자 이석형은 이완용의 묘를 파헤쳐 화장하여 없애고 말았습니다.[26] 우리는 나라를 팔아먹은 자의 말로가 얼마나 비참하게 되었는지, 우리의 후세들이 잘 기억하도록 가르쳐야 할 것입니다.

(3) 안중근 의사(義士)의 출생

안중근 의사는 1909년 10월 26일 하얼빈에서 국권침탈의 원흉 이토 히로부미를 처단하였습니다. 그는 나라를 지키기 위해 온몸으로 분골쇄신한, 민족의 마지막 등불이었습니다.

안중근은 1879년(고종 16년) 9월 2일 순흥(順興)을 본관으로 한 문성공(文成公) 안향(安珦)의 26대손으로 황해도 해주부 수양산 아래 광석동에서 아버지 안태훈과 어머니 조마리아(조성녀. 趙姓女)의 맏아들로 태어났습니다. 안 의사가 6살 때인 1884년 부친이 김옥균, 박영효 등 개화파가 일으킨 갑신정변에 연루되어 관직의 꿈을 포기하고 일가족을 이끌고 신천군(信川郡) 두라면(斗羅面) 천봉산 밑 청계동으로 은신한 후 안 의사는 이 산촌에서 성장했습니다.[27]

---

26) 윤덕한, 「이완용 평전」 (중심, 1999), 357.
27) 「대한의 영웅 안중근 의사」, (안중근 의사 숭모회, 2009), 10.

태어날 때부터 가슴과 배에 북두칠성 모양의 7개의 흑점이 있어, 어릴 적 집안에서는 **안응칠**(安應七)이라 불렸습니다. 또한 어려서부터 의협심과 무용력이 남달리 뛰어났고, 말을 잘 탔을 뿐만 아니라 사냥을 할 때 활과 총을 잘 쏘아 날아가는 새와 달리는 짐승을 백발백중 명중시키는 명사수로 이름을 날렸습니다. 또한 바른말을 잘 한다 하여 17세에 번개입(電口)으로 불리기도 했습니다.

그의 가문은 5대조 안기옥 대부터 할아버지 안인수 대까지 무과 급제자만 7명을 배출할 정도로 대대로 해주에서 세력과 명망을 지닌 집안이었습니다. 이러한 가문의 위상을 배경으로 할아버지 안인수 때는 집안이 크게 일어나게 되었습니다. 진해 현감을 지낸 할아버지 안인수(安仁壽)는 성품이 어질고 무거웠으며, 살림이 넉넉했을 뿐 아니라 자선가로도 도내에 이름이 널리 알려져 있었습니다. 슬하에는 6남 3녀를 두었는데 그 중 셋째 아들이 안중근의 부친 안태훈(安泰勳)이었으며, 안중근은 안태훈 진사의 큰아들이었습니다. 아버지 안태훈은 1894년 동학농민운동을 일으킨 농민군 가운데 일부의 무리들이 마을로 들어와 일으킨 소요를 막기 위해 의병을 조직하여 그들과 전투를 벌였으며, 이 과정에서 농민군이 버리고 간 1,000여 부대의 쌀을 수습하여 군량미로 사용하였습니다. 이를 알게 된 조정은 원상회복을 요구하며 압박해 왔고, 여러 차례 관가에 불려가 고초를 겪고 쇠약해진 몸에 을사늑약의 청천벽력과 같은 소식을 듣고 충격으로 몇 번이나 실신하다가 44세 한창 나이에 세상을 떠났습니다.

(4) 안중근 의사(義士)의 의병 활동

안중근은 을사보호조약이 체결된 1905년 국권 회복 운동을 위해 중국 상해로 떠나, 망해 가는 고국의 소식을 전하고, 국권 회복에 힘쓸 동포들을 모으는 데 심혈을 기울였습니다.

이때 안 의사는 대한제국 민씨 정권의 핵심인물이었던 민영익을 찾아갔는데, 두세 번 찾아가도 문지기 하인이 문을 닫고 '대감께서는 한국인을 만나지 않는다.'며 들여보내지 않자, 이에 안중근은 민영익을 크게 꾸짖었습니다.

"그대는 한국인이 되어 가지고 한국 사람을 만나지 않는다면 어느 나라 사람을 만난단 말인가? 더구나 한국에서 여러 대에 걸쳐 국가의 녹(祿)을 먹은 신하로서 이같이 어려운 때를 만나 전혀 동포를 사랑하는 마음이 없이 혼자만 베개를 높이 하고 편히 누워 조국의 흥망을 잊어버리고 있으니 세상에 이런 일이 어찌 있을 수 있단 말인가? 오늘날 우리나라가 허물어지고 위급해진 것이 모두 그대와 같은 대관들 때문이요, 민족의 허물 때문이 아니라는 것을 알기 때문에 부끄러워 만나지 않는다는 것인가?"

또한 인천의 큰 부자로 쌀 장사를 하다가 상해로 망명한 재력가 서상근을 찾아가 국내 정세를 말하고 나라를 구할 방도를 물었습니다. 이에 서상근은 "나에게 한국의 일은 이야기하지 마시오. 나는 일개 장사치로서 몇 십만 원이 넘는 돈을 정부 고관에게 빼앗기고 몸을 피해 여기까지 왔고, 더구나 국가의 정치야 우리 같은 백성들에게 무슨 상관이 있단 말이오? 나는 입에 풀칠이나 하면 족하니 나에게 다시 정치 이야기는 하지 마시오."라고 하자, 이때 안중근은 웃으며 다음과 같이 말했습니다.

"그것은 하나만 알고 둘은 모르시는 말씀입니다. 백성이 없으면 나라가 어떻게 있을 수 있으며, 더구나 나라란 몇 명의 대관들의 나라가 아니라 당당한 2천만 백성의 나라입니다. 국민이 국민 된 의무를 다하지 않으면서 어떻게 민권과 자유를 얻을 수 있겠습니까? 그리고 지금의 민족 세계에서 어째서 한국 민족만이 남의 먹이가 되어 앉아서 멸망하기를 기다려야 한단 말입니까?"

이렇게 두세 번 설득했으나 전혀 반응이 없고 쇠귀에 경 읽기였습니다.

안 의사는 그곳에 갔을 때 상하이의 천주교 교회당에서 오랫동안 선교활동을 같이한 프랑스인 르각(Le Gac, 곽원량) 신부를 우연히 만나게 됩니다. 르각 신부의 조언으로 국권회복을 위해 일단 애국계몽운동을 하기로 하고, 그해 12월 고향으로 돌아와 국권이 회복될 때까지 육영사업에 헌신하기로 결심했습니다.

르각 신부로부터 교육을 통한 구국 방도를 배운 안 의사는 1906년 3월 고향 청계동을 떠나 항구도시 진남포에 **삼흥학교**를 세우고 **돈의학교**를 인수하여 교육구국운동에 전력을 기울였습니다.[28]

본래 교육가인 그를 의병이라는 무장투쟁가로 변신케 한 것은 곧 일본의 통감정치였습니다. 1907년 일제에 의한 고종의 강제 폐위와 군대의 강제 해산은, 안중근 인생에 가장 극적인 전환점이 되었습니다. 1907년 7월 헤이그 밀사사건을 빌미로 한국의 초대통감인 이토 히로부미는 고종황제를 강제 폐위하고 정미조약을 강요하며 군대를 해산하였고, 산림과 광산 그리고 철도를 빼앗는 등 한국의 식민지화를 강력하게 추진하면서 한일 완전합병 계획을 은밀히 실행에 옮기고 있었습니다.[29]

이에 안 의사는 마침내 구국의 결의를 다지며 회령에서 두만강을 건너 북간도에 도착, 그해 10월 중순 엔치아(煙秋)를 거쳐 블라디보

---

28) 「대한의 영웅 안중근 의사」, 15.
29) 「대한의 영웅 안중근 의사」, 16.

스톡으로 가서 계동청년회(啓東靑年會)의 임시 사찰을 맡고, 연해주 각지 한인마을을 순회하며 애국계몽을 위한 강연활동을 전개하였습니다.[30]

이어 안 의사는 의병조직에 참여하여 엄인섭, 김기룡과 함께 의형제를 맺고 의거를 도모하였습니다. 이범윤, 김두성 등과 3-4천 명으로 추정되는 의병을 양성하고, 다음해 30세 되던 1908년 봄 김두성을 총독, 이범윤을 대장으로 한 **대한국 의군** 창설에 성공한 안 의사는 참모중장으로 선임되어, 독립특파대장으로 출전, 치열한 항일투쟁을 결행하기 시작하였습니다.

의병이란 나라가 외침을 받아 위기에 놓였을 때 스스로 떨쳐 일어나 외적과 맞서 싸운 사람들을 말합니다. 이들은 정식 군인은 아니지만 군인처럼 부대를 만들고 무장을 갖춰 적과 의열 투쟁을 했습니다. **의열**(義烈)이란 의롭고 맹렬하다는 뜻으로, 의사[31]와 열사(烈士)를 합한 말입니다.

대표적인 의병들의 의열 투쟁으로는 1895년 을미사변 이후 **을미의병**, 1905년 을사늑약 이후 **을사의병**, 1907년 고종황제의 강제 퇴위와 군대 해산을 계기로 확대된 **정미의병** 등이 있습니다. 전국의 의병수는 약 15만 명이었으며, 이들은 일본군과 3,500회 정도 전투를 하였으며, 전사자가 17,000여 명, 부상자가 36,000여 명이나 되었습니다.

---

30) 「대한의 영웅 안중근 의사」, 17.
31) 의리와 지조를 굳게 지키는 사람, 의인(義人), 나라와 민족을 위하여 의로운 행동으로 목숨을 바친 사람으로, 대체로 폭탄이나 총, 칼 등의 무력을 사용한 사람을 가리키며 군인에게는 쓰지 않는다. 안중근 의사, 윤봉길 의사 등이 있다. '열사'는 나라를 위해 용감히 저항하다가 의롭게 죽은 사람으로 무력보다는 맨몸으로 싸우다가 순국한 사람을 일컫는다. 이준 열사, 유관순 열사 등이 있다.

안중근 의사의 독립투지는 의병출전 격려사에서 잘 나타납니다.

「한 번에 이루지 못하면 두 번, 두 번에 이루지 못하면 세 번, 그렇게 네 번 열 번에 이르고, 백 번을 꺾여도 굴함이 없이 금년에 이루지 못하면 내년, 내년에 못 이루면 후년, 그렇게 십 년 백 년이 가고, 또 만일 우리 대에서 목적을 이루지 못하면 아들 대, 손자 대에 가서라도 반드시 대한국의 독립권을 회복하고야 말리라는 각오가 있어야 한다... 그리하면 큰일도 기필코 이루어질 것이다.」

1908년 7월 안 의사는 의병 200여 명을 이끌고 두만강을 건너 함경도 경흥 고을에서 일본 군경과 세 차례의 교전 끝에 50여 명을 사살하고 그대로 일군의 주요 기지인 회령으로 진격하여 3천여 명의 일본 수비군을 격퇴하는 등 13일 동안 30여 차례의 교전을 했습니다. 그러나 이때 잡은 포로들을 석방하자 그들의 밀고로 이 작전은 정보가 노출되었고, 정예 일본군의 토벌작전에 밀려 고군분투하였습니다. 그러나 탄환이 떨어지고 부하들도 흩어져 중과부적으로 참패하였고, 안 의사와 의병들은 초근목피(草根木皮)로 연명하며 장마 속 산길을 헤맨 끝에 한 달 반 만에야 연해주 본영으로 귀환할 수 있었습니다.[32]

안 의사는 의병투쟁 중 어려움을 겪을 때마다 동요하는 부하들에게 다음과 같은 시로 격려했습니다.

「사나이 뜻을 품고 나라 밖에 나왔다가 큰 일을 못 이루니 몸 두기 어려워라. 바라건대 동포들아 죽기를 맹세하고 세상에 의리 없는 귀신은 되지 말자.」[33]

---

32) 「대한의 영웅 안중근 의사」, 18.
33) 「대한의 영웅 안중근 의사」, 19.

안 의사는 의병 활동을 하면서 일본군을 피해 다니는 동안 '국가 안위(國家安危) 노심초사(勞心焦思)'라는 그의 휘호처럼 불안하고 참담한 나날을 보냈으며, 그의 육체는 피골이 상접하여 가까운 사람조차 그를 알아보지 못할 정도였습니다.

그는 다시 심경을 가다듬고 블라디보스톡과 하바로프스크 등 러시아 영토의 연해주 일대와 중국 땅 흑룡강 상류지방을 시찰하며, 강연을 통해 독립사상을 고취하고 동지 규합에 힘쓰는 일을 계속했습니다. 이 무렵 그곳 한인사회에 침투하고 있던 친일단체인 일진회(一進會)34)의 일당들에게 목숨을 잃을 뻔한 위기도 있었습니다.

그곳 교포사회에도 친일 세력이 침투해 있는 것을 보고 1909년 2월 7일 안중근은 엔치아 부근 카리 마을에서 믿을 수 있는 동지를 모아 단지동맹을 결행하고 국권회복과 동양평화유지를 위하여 헌신할 것을 맹세하는 '동의단지회'를 결성하였습니다.35)

이때 **동의단지회(同義斷指會) 맹원 12인**(안중근30세, 김기룡29세, 강순기39세, 정원주29세, 박봉석31세, 류치홍39세, 조순응24세, 황병길24세, 백규삼26세, 김백춘24세, 김천화25세, 강창두26세)은 왼손 무명지 첫 관절을 끊고, 그 선혈로 태극기의 앞면에 '大韓獨立'(대한독립)이라고 쓴 후에 피로 범벅이 된 손을 들고 '대한독립만세'를 일제히 세 번 불러 하늘과 땅에 맹세하였습니다.

안중근의 자서전 **안응칠 역사**에는 이때의 상황을 다음과 같이 적고 있습니다.

---

34) 1904년 이완용 내각에서 농상공부대신을 지낸 송병준이 조직한 친일 매국단체로, 을사조약을 지지하고 국내외에서 독립 운동가들의 애국운동을 방해하였다.
35) 「대한의 영웅 안중근 의사」, 20.

'오늘 우리들이 손가락을 끊어 맹세를 같이 지어 증거를 보인 다음, 마음과 몸을 하나로 묶어 나라를 위해 몸을 바쳐 기어이 목적을 달성하도록 하는 것이 어떻소.'… 마침내 열두 사람이 각각 왼손 약지를 끊어, 그 피로 태극기에 글자 넉 자를 크게 쓰니 바로 '대한독립'이었다.

(5) 1909년 10월 26일, 이토 히로부미 암살

안중근은 1909년 9월, 이토 히로부미가 러시아와 회담을 하기 위해 하얼빈에 도착한다는 사실을 신문을 통해 알게 되었습니다. 거사의 유일한 동지였던 우덕순의 증언에 의하면, 안중근은 "이건 분명히 하늘이 준 기회"라며 그 신문을 보고 춤을 추었다고 합니다.

안 의사는 이 계획을 독립투사 정재관, 김서무 등과 논의하고 우덕순과 10월 21일 오전 8시 50분 러시아 블라디보스톡 역에서 출발하여 10월 22일 밤 9시 15분 하얼빈에 도착하였습니다. 중간에 러시아어 통역관 유동하가 동행하였으나 집안 사정으로 귀향하고, 후에 조도선이 합류하였습니다.

이토 히로부미는 10월 18일 대련 부두에 상륙하여 러시아 측에서 보낸 귀빈열차를 타고, 10월 21일 여순의 일본군 전적지를 시찰한 다음 봉천(심양)으로 갔습니다. 거기서 일본의 주선으로 무순의 탄광지역을 돌아보고 10월 25일 밤 장춘에 도착했습니다. 이토 히로부미는 이날 밤 청나라 당국이 주최한 환영회에 참석한 뒤 열차 편으로 하얼빈 역에 도착하기로 예정되어 있었습니다. 거사 이틀 전, 안 의사는 이토 히로부미가 동청철도 총국의 특별열차 편으로 10월 25일 밤 11시에 장춘을 출발하여 러시아 재무대신 코콥체프와 하얼빈에서 회담을 한다는 중요한 정보까지 입수하였습니다. 10시간 정도 소요될 것을 계산하면 하얼빈 도착 시간은 26일 아침 정도가 될 것이었습니다.

거사 장소를 처음에는 이토가 도중에 잠시 쉬어갈 차이자거우 역으로 정하였다가, 나중에 두 군데로 나누어, **차이자거우 역은 우덕순과 조도선이 맡고, 안 의사는 하얼빈을** 맡기로 하였습니다. 그러나 우덕순은 러시아 병사의 통제가 삼엄하여 거사를 이루지 못한 채 차이자거우 역을 지났고, 기회는 하얼빈의 안중근에게 주어졌습니다.

전날 안 의사는 그곳 한인사회에서 신망 높던 김성백의 집에 묵게 되었는데, 거사를 앞두고 좁은 방 희미한 등잔불 아래서 장차 행할 일을 하나하나 정리해 가면서 자신의 비장한 심경을 피를 토하듯 「장부가」에 담았습니다.

> 장부가 세상에 처함이여 그 뜻이 크도다
> 때가 영웅을 지음이여 영웅이 때를 지으리로다
> 천하를 응시함이여 어느 날에 업을 이룰 것인가
> 동풍이 점점 차가워지니 장사의 의가 뜨겁다
> 분개히 한 번 감이여 반드시 목적을 이루리로다
> 쥐도적 이등(이토)이여 어찌 즐겨 목숨을 비길꼬
> 어찌 이에 이를 줄을 헤아렸으리오 사세가 고연하도다
> 동포 동포여 속히 대업을 이룰지어다
> 만세 만세여 대한 독립이로다
> 만세 만만세 대한 동포로다[36]

---

36) 「대한의 영웅 안중근 의사」, 23.

거사의 유일한 동지 우덕순도 시를 지어 마음을 같이했습니다.

만났도다 만났도다 너를 한 번 만나고자
일평생을 원했지만 하상견지만야[37]런고
너를 한 번 만나려고 수륙으로 기만 리를
혹은 윤선 혹은 화차 천신만고 거듭하여
노청양지[38] 지날 때에 주 예수여 살피소서
동반도의 대제국을 내 원대로 구하소서
오호라 간악한 늙은 도적아
우리 민족 2,000만을 멸망까지 시켜 놓고
금수강산 삼천리를 소리 없이 뺏느라고
궁흉극악 네 수단을...

지금 네 명 끊어지니 너도 원통하리로다
갑오독립 시켜 놓고 을사늑체 한 연후에
오늘 네가 북향할 줄 나도 역시 몰랐도다
덕 닦으면 덕이 오고, 죄 범하면 죄가 온다
네뿐인 줄 알지 마라 너의 동포 5,000만을
오늘부터 시작하여 하나둘씩 보는 대로
내 손으로 죽이리라

역사적인 1909년 10월 26일 날이 밝아, 안중근이 하얼빈역에 도착한 것은 오전 7시경, 일단 역사 안 찻집으로 들어가 동정을 살펴보니 러시아 군인들과 출영객이 역사 안팎으로 들어차서 혼잡했습니다. 이윽고 오전 9시쯤 이토 일행이 탄 특별 열차가 플랫폼에 멈

---

37) 서로의 상봉이 늦음을 탄식하는 말
38) 소련과 북만주의 두 나라의 땅

쳤고, 마중 나온 러시아 재무대신 코콥체프 일행이 열차 안으로 들어간 후 그와 일본 총영사의 안내를 받으며 이토와 수행원이 기차에서 내리는 모습이 보였습니다.

　이때 안 의사는 이 거사가 국가와 민족을 위해 꼭 성공하게 해 달라는 기도를 하고 찻집에서 나왔습니다. 이토가 의장대를 사열하고 외국영사단 앞으로 가 출영객들로부터 인사를 받기 시작했고, 안 의사는 러시아 군대 뒤에서 기회를 노리고 있었습니다. 그날따라 많은 일본인과 러시아인들이 붐벼 별다른 제재나 검색 같은 것이 없었으니, 그야말로 하늘의 도움이었습니다.

　오전 9시 15분, 군대가 경례를 붙이고 군악대 연주가 하늘을 울렸습니다. 이토가 귀빈들의 영접을 받으며 러시아군 의장대를 정면으로 하여 우측에서 좌측으로 천천히 걸어오고 있었습니다. 촘촘한 의장대 사이로 러시아 관리들의 호위를 받으며 맨 앞에 누런 얼굴에, 흰 수염이 긴, 조그만 늙은이가 걸어 나왔습니다.

　안중근 의사는 그때의 심경을 다음과 같이 적었습니다.

9시쯤 되어 드디어 이토가 탄 기차가 도착했다. 사람들은 인산인해를 이루었다. 나는 찻집에 앉아 상황을 살펴보며 언제 저격하는 것이 좋을지를 곰곰이 생각해 보았으나 결정을 내릴 수가 없었다.
　이때 이토가 기차에서 내렸다. 군대가 경례를 붙이고 군악대 연주가 하늘을 울리며 귀를 때렸다. 그 순간 분한 기운이 터지고, 삼천 길 업화가 머릿속에서 치솟아 올랐다.
　'어째서 세상 일이 이같이 공정하지 못한가. 슬프도다. 이웃 나라를 강제로 빼앗고 사람의 목숨을 참혹하게 해치는 자는 이같이 날뛰고, 조금도 꺼림이 없는 약한 인종은 어찌하여 이처럼 곤경에 빠져야 하는가.'

이토가 러시아 병사들이 도열한 앞을 환영객들에게 손을 흔들면서 지나갈 때, 안중근은 '저것이 필시 늙은 도적 이토일 것이다.'라고 생각하고 곧바로 뚜벅뚜벅 걸어서 용기 있게 나가(약 5m 거리에서) 곧 권총을 뽑아 들고 주저 없이 그의 오른쪽 가슴을 향해 쏘았습니다(안중근 의사의 자서전 「안응칠 역사」 중에서). 이토에게 세 발 모두 명중했으니, 이토의 왼쪽 폐와 왼쪽 옆구리에, 그리고 오른팔을 스친 다음 뱃속에 머물렀습니다.

안 의사는 본시 이토의 얼굴을 모르기 때문에 여기서 한 번 잘못하면 천하대사가 낭패라고 판단, 만전을 기하여 일본인 중에 의젓해 보이는, 앞서가는 자들을 향하여 다시 세 발을 더 쏘았습니다.

이 세 발의 총알은 일본인 하얼빈 총영사관 **가와카미**(川上)의 오른팔에, 이토의 수행비서관 **모리**(森)의 왼쪽 허리를 관통해서 복부에, 남만주 철도주식회사 이사인 **다나카**(田中)의 왼쪽 다리에 박혔고, 그들은 차례로 쓰러졌습니다.

이때가 오전 9시 30분. 저격 직후 러시아 헌병들이 덮치자 힘에 밀려 넘어지면서 권총을 떨어뜨렸던 안 의사는 곧장 일어나 하늘을 향해 '대한민국 만세'라는 뜻의 "코레아 우라! 코레아 우라! 코레아 우라!"를 크게 세 번 외치고, 그 자리에서 붙잡혔습니다.

순식간에 하얼빈역은 아비규환이 되었고, 열차 특실로 옮겨진 이토 히로부미는 오전 10시경 과다출혈로 숨지고 말았습니다. 이토 히로부미의 나이는 당시 69세였으며, 조선의 외교권을 강탈한 을사늑약이 체결된 지 약 4년 만의 일이었습니다.

당시 안중근이 사용한 총기는 정교한 브라우닝 7연발 권총으로, 그가 사용한 총탄 끝에는 십자 모양이 새겨져 있었습니다.

안 의사는 그토록 염원하던 일, 1909년 10월 26일 오전 9시 30분, 조국을 만신창이로 만든 이 나라의 원흉, 국적(國賊) 제 1호 이토 히로부미를 처단함으로써 한민족의 기상을 세계에 보여 주었으며, 핍박받는 식민지 민족에게 희망과 용기를 심어 주고, 잠들었던 민족의식을 일깨웠습니다. 세 발의 총탄에 관통상을 입은 이토는 아무 유언도 남기지 못하고 곧바로 절명했습니다. 이 청천벽력 같은 소식에 온 세계가 떠들썩했습니다. 독립운동을 하던 애국지사들은 서로 환호와 찬사를 보냈으며, 사람들은 감히 통쾌하다는 말은 못했지만 저마다 어깨가 들썩했고 서로 은밀히 축하하곤 했습니다.

이토를 처단한 안 의사는 생사에 연연하지 않았으니, 이토를 총살한 목적을 말할 때 한국 의병의 참모중장 자격으로 죽인 것임을 일본 법정에서 떳떳하게 밝혔습니다.

"내가 이토 히로부미를 죽인 것은 한국 독립전쟁의 한 부분이요, 또 내가 일본 법정에 서게 된 것은 전쟁에 패배하여 포로가 된 때문이다. 나는 개인 자격으로 이 일을 행한 것이 아니요, 한국 의군 참모중장의 자격으로 조국의 독립과 동양평화를 위해서 행한 것이니 만국공법에 의하여 처리하도록 하라."

훗날 공판 과정에서 재판장이 '이토를 쏜 뒤에 그 자리에서 자살이라도 할 생각이었는가?'라고 물었을 때, "나의 목적은 한국의 독립과 동양평화의 유지에 있었고, 이토를 살해하기에 이른 것도 개인적인 원한에 의한 것이 아니라 동양의 평화를 위한 것으로, 아직 목적을 달성했다고 할 수 없기 때문에 이토를 죽여도 자살할 생각 따위는 없었다."라고 답했습니다.

또한 그 자리에서 얼마든지 도주할 수 있었는데 그렇게 하지 않은 이유를 묻자 안중근은 "예상했던 목적을 달성할 기회를 얻기 위해 거사한 것이므로 결코 도주할 생각이 없었다."라고 당당하게 밝혔습니다.

(6) 1910년 3월 26일, 여순 감옥 생활 144일 만에 순국

1909년 10월 30일, 하얼빈 일본제국 총영사관 제 1회 심문조서에서 미조부치 타카오 검찰관이 이토 히로부미를 죽인 이유가 무엇이냐고 묻는 말에, 안중근 의사는 이토 히로부미의 15가지 죄를 아무런 떨림도 없이 논리정연하게 답하여 일본인 재판관과 검사들의 간담을 서늘하게 만들었습니다.

안중근 의사가 말한 이토 히로부미의 15가지 죄는 다음과 같습니다.
첫째, 한국 명성황후를 시해한 죄요
둘째, 한국 고종황제를 폐위한 죄요
셋째, 을사5조약과 정미7조약을 강제로 체결한 죄요
넷째, 무고한 한국인들을 학살한 죄요
다섯째, 정권을 강제로 빼앗아 통감정치를 한 죄요
여섯째, 철도, 광산, 산림, 농지를 빼앗은 죄요
일곱째, 제일은행권 지폐를 강제로 사용한 죄요
여덟째, 군대를 강제로 해산시킨 죄요
아홉째, 민족 교육을 방해한 죄요
열째, 한국인들의 외국유학을 금지한 죄요
열한째, 교과서를 압수하여 불태워 버린 죄요
열두째, 한국인이 일본인의 보호를 받고자 한다고 세계에 거짓말을 퍼뜨린 죄요
열셋째, 현재 한국과 일본 사이에 전쟁이 쉬지 않고 살육이 끊이지 않는데, 한국이 태평무사한 것처럼 위로 천황을 속인 죄요
열넷째, 대륙 침략으로 동양평화를 깨뜨린 죄요
열다섯째, 일본 천황의 아버지 태황제를 죽인 죄이다.[39]

---
39) 「대한의 영웅 안중근 의사」, 29.

안 의사가 지적한 이토 히로부미의 죄상은 어김없는 사실이었습니다. 안 의사는 그 시대 제국주의의 가장 실세인 독재자 이토 히로부미의 파렴치함을 적나라하게 알린 것입니다.

검찰관이 "피고는 이토 공의 생명을 잃게 했는데, 그러면 피고의 생명은 어떻게 할 생각인가?"라고 묻자, "나는 원래 내 몸에 대해 생각해 본 적이 없다. 이토를 살해한 후 나는 법정에 나가서 이토의 죄악을 일일이 진술하고, 이 후 나 자신은 일본 측에 맡길 생각이었다. … 이토는 죽을 죄를 지었고, 하늘을 대신해서 내가 집행한 것이다. 나의 거사를, 앞으로 일본이 평화를 위해 노력하라는 진언으로 받아 주기를 바란다. 나는 목숨에 연연하지 않는다."라고 답하였습니다.

안 의사는 그 위압적인 분위기 속에서도 조금도 떨리는 기색이 없었습니다. 올곧고 의연한 자세로 이토 히로부미의 죄상을 낱낱이 파헤쳐 밝혔고, 이에 일제 검사와 변호사들은 모두 그의 박식함과 당당함, 막힘없이 강물처럼 말을 이어 가는 논리에 놀라 함부로 입을 놀리지 못하였다고 합니다.

제1회 심문조서에서 이토 히로부미의 죄상과 상세한 진술을 들은 미조부치 검사는 "지금 진술한 것을 들으니 당신은 정말 동양의 의사라고 할 수 있습니다. 이런 의사는 절대로 사형을 받지 않을 것이니 걱정하지 마시오."라고 진정어린 말을 하기도 했습니다. 그러나 안 의사는 "내가 죽고 사는 것에 대해서는 말할 필요가 없소. 단지 이 뜻을 일본 왕에게 속히 알려 이토의 못된 정략을 시급히 고쳐 동양의 위급한 대세를 바로잡는 것이 내가 간절히 바라는 바이오."라고 답하였습니다.

그동안 여러 자료에 나타난 정황을 종합해 볼 때 일본인들은 안 의사의 훌륭한 인품에 감동하여 고문은 없었던 것으로 보입니다. 이것은 안 의사 자서전에서 형무소장 구리하라(栗原)와 일반관리들도 모두 친절을 베풀어 주어 고마웠다고 기록한 것에서도 알 수 있습니다.

그러나 안 의사는 1909년 11월 4일 여순에서 두 번째 검찰관 심문을 시작으로 그해 12월 26일까지 11번의 심문을 받았는데, 횟수를 거듭할수록 검찰관의 심문 태도가 강압적인 분위기로 변해 갔습니다. 이것은 당시 관동도독부 지방법원에서는 안 의사 의거의 정당성과 재판관할권의 애매한 입장 그리고 안 의사의 돈독한 신앙심 등에 대한 배려로 무기징역을 고려했으나, 일본 정부 내 강경파가 서둘러 극형에 처하라는 밀명을 보내옴으로써 관동도독부 법원의 태도가 표변(豹變)하지 않을 수 없었던 것입니다.[40]

다음은 1909년 11월 6일 오후 2시 30분경, 여순 감옥에 수감 중이던 안 의사가 쓴 글 중 일부입니다.

「슬프다! 천하대세를 멀리 걱정하는 청년들이 어찌 팔짱만 끼고 아무런 방책도 없이 앉아서 죽기만을 기다리는 것이 옳을 수 있겠는가. 그러므로 나는 생각다 못해, 하얼빈에서 총 한 발로 만인이 보는 앞에서 늙은 도적 이토의 죄악을 성토하여, 뜻있는 동양 청년들의 정신을 일깨운 것이다.」

'나라가 위태로울 때 몸을 바치는 것이 군인의 본분'(위국헌신 군인본분)이라고 말했던 그의 애국 충정의 정신이 잘 나타나 있습니다.

한편 안 의사의 이토 저격 사건이 세계로 알려지면서 국내외의 유

---
40) 「대한의 영웅 안중근 의사」, 31.

능한 변호사들이 안 의사를 살리기 위해 변론을 맡겠다고 나섰으며 (러시아인 2명, 영국인 2명, 스페인인 1명, 한국인 2명, 일본인 1명), 재판을 위한 모금 운동이 활발하게 일어났습니다. 그러나 일제는 재판을 자신들의 뜻대로 진행하려고 국제변호사 선임을 막고 일본인 관선 변호사(미즈노 기치타로오, 카미다 세이지) 두 명으로 대체하여 형식적인 재판 절차를 밟아 갔습니다. 안중근 가족이 선임한 한국인 안병찬 변호사도 1910년 1월 14일 대련에 도착하여 법원에 선임계를 제출했지만 거부당했습니다. 안병찬은 피를 토할 정도로 성하지 못한 몸이었음에도, 재판이 진행될 때마다 법정에 나가 일제의 일방적인 재판을 지켜보았습니다. 이 후 안병찬은 이완용을 칼로 찔러 중상을 입힌 이재명 의사의 변호를 맡았고, 이른바 데라우치 총독 암살음모사건의 혐의로 구속되기도 했습니다. 그리고 1919년 3·1운동에 참여한 뒤 만주로 망명하여 독립운동에 생애를 바쳤습니다.

여순 감옥에서 안중근 의사에 대한 취조는 검찰관 **미조부치**와 조선통감부에서 파견된 **사카이** 경사 두 사람에 의해 집중적으로 이루어졌습니다.

이 과정에서 미조부치는 청일전쟁과 러일전쟁이 마치 일본이 한국의 보호를 위해 벌인 전쟁인 것처럼 호도[41]하고, 일본의 통감정치가 한국에 도움이 된다고 하면서 한국은 독립해서 스스로를 지킬 수 없는 어린아이와 같으며, 따라서 일본이 후견인이 되어 보호하고 있는 것임을 인정하라고 안중근을 집요하게 회유하려 했습니다.

또 이토를 죽인 것이 오해에서 빚어진 일이라고 한마디만 하면 사형을 면할 수 있다고 설득하며 온갖 거짓말로 유혹하기도 했습니

---

41) 명확하게 결말내고 않고 일시적으로 감추거나 흐지부지 덮어버림.

다. 그러나 안 의사는 침착한 태도로 "하얼빈에서 이토를 포살하려고 작심했을 때 나는 이미 죽기를 각오한 바요."라고 말하는가 하면, "나의 행동은 의를 위함이지 절대로 사적 명예를 탐해서 나온 것이 아니오. 나는 의로 나라에 보답하고 의를 위해 내 생명을 기꺼이 바칠 것이오. 따라서 명예는 나와는 하등 관계가 없소."라고 대장부의 기개를 나타내었습니다.

한편 안중근 의사의 공판은 관동도독부 지방법원 형사법정에서 1910년 2월 7일부터 12일까지 일사천리로 6차례 진행되었습니다. 재판장은 마나베, 검찰관 미조부치, 변호인으로 미즈노와 카마다 두 관선변호인이 출두했습니다. 1910년 2월 7일 재판장은 안중근, 우덕순, 조도선, 유동하 순으로 성명, 나이, 신분, 직업, 주소, 본적지, 출생 등을 차례로 물었으며, 대부분의 심문은 안중근에게 집중되었는데, 안중근은 검사의 심문 때와 다를 바 없이 당당하고 거침없이 소신을 밝혔습니다.

"... 한국의 독립을 위해서는 이토를 없애지 않으면 안 된다고 생각하고, 7개조의 조약이 성립될 당시부터 살해할 생각을 했다. 그리고 이토를 살해할 작정으로 블라디보스톡 부근으로 가서 내 한 몸은 생각하지 않고, 오로지 한국의 독립을 도모하고 있었다."

1910년 2월 14일 마지막 공판에서, 재판장 마나베는 안중근 의사를 사형에 처한다고 선고하였습니다(우덕순은 징역 3년, 조도선과 유동하는 1년 6개월 형). 안 의사가 일제의 침략 행위와 이토의 죄에 대해 발언을 하려 하면 재판장은 문서로 남기라면서 입을 막았습니다. 사형선고를 받은 안 의사는 "일본에는 사형 이상의 형벌은

없느냐"라고 하며 미소를 지었다고 합니다. 이러한 그의 태도는 다시 살아날 기회가 될지도 모를 상고를 하지 않겠다는 뜻이었습니다.

2월 19일 안 의사가 공소권을 포기하자 일본 정부는 크게 놀랐습니다. 고등법원장 히라이시(平石)는 일부러 형무소로 찾아와 상고를 권고하였으나 안 의사는 끝내 이를 거절했습니다.

안 의사의 모친 조마리아 여사는 안 의사에게 사형이 구형되었다는 소식을 전해 듣자 두 동생을 급히 여순으로 보내면서 "옳은 일을 하고 받은 형이니 비겁하게 삶을 구하지 말고 대의(大義)에 죽는 것이 어미에 대한 효도이다"라는 뜻을 전하라고 했습니다. 이를 전해 들은 한국에서는 대한매일신보에, 일본에서는 아사히신문에 **시모시자**(是母是子: 그 어머니에 그 아들)라는 글을 실었습니다.[42]

또한 그의 어머니는 "사형 언도의 소식을 듣고 교회에서는 신자들이 모여 너를 위해 기도를 올렸다. 네가 사랑하는 교우들도 모두 그렇게 생각한다. 살려 달라고 구걸하면 양반집 체면을 떨어뜨리는 것이다. 이제는 평화스러운 천당에서 만나자."라는 말과 함께 아들의 수의를 만들어 보내었습니다. 안 의사는 사형 집행 전 어머니 조마리아 여사가 지어 준 까만 한복 바지와 흰색 저고리를 입었습니다. 나라가 위태로울 때 장남 안중근이 집안도 돌보지 않고 독립운동에 앞장섰을 때 적극적으로 그 일을 지원했던 이가 바로 어머니였습니다. 안중근이 해외 망명을 추진할 때 어머니는 "집안일은 생각하지 말고 최후까지 남자답게 싸우라."라고 격려하였습니다.

---

42) 「대한의 영웅 안중근 의사」, 38.

사형 판결을 받은 안중근 의사

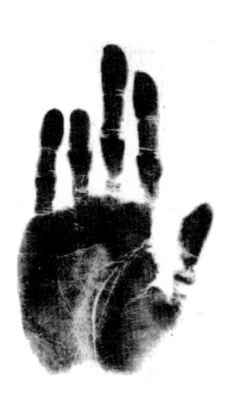
왼손 약지의 첫 마디를 잘라 독립 의지를 맹세

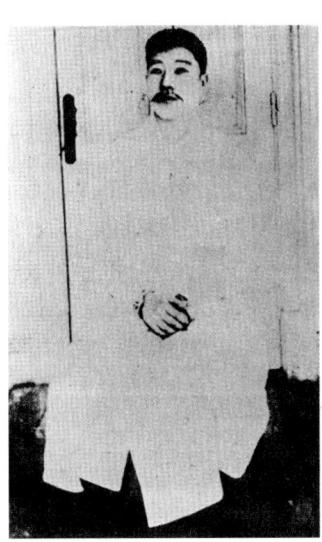
사형 前 수의를 입은 안 의사

안중근 의사는 사형 집행 전날 두 동생(안정근, 안공근)이 찾아왔을 때 가장 먼저 노모의 안부를 묻고 불효의 죄를 용서해 달라는 부탁을 하였습니다. 그리고 그 자리에서 두 동생의 손을 굳게 잡고 기도를 올린 후 자신의 유언을 받아쓰도록 했습니다.

「내가 죽은 뒤에 나의 뼈를 하얼빈 공원 곁에 묻어 두었다가, 우리 국권이 회복되거든 고국으로 반장(返葬)[43]해 다오. 나는 천국에 가서도 또한 마땅히 우리나라의 회복을 위해 힘쓸 것이다. 너희들은 돌아가서 동포들에게 각각 모두 나라의 책임을 지고 국민 된 의무를 다하여, 마음을 같이하고 힘을 합하여 공로를 세우고 업을 이루도록 일러 다오. 대한독립의 소리가 천국에 들려오면 나는 마땅히 춤추며 만세를 부를 것이다.」

안중근은 옥중에서 약 3개월 동안 영하 30도가 오르내리는 혹한의 추위를 견디면서 또 혹심한 심문과 재판을 받는 틈틈이 매일 몇

---
43) 객지에서 죽은 사람을 그가 살던 곳이나 그의 고향으로 옮겨다가 장사를 지냄.

시간씩 저술을 쉬지 않았습니다. 공판 개시 2개월 전인 1909년 12월 13일부터 옥중 자서전 「안응칠 역사」를 쓰기 시작하여 1910년 3월 15일에 탈고하였습니다. 안 의사는 이 자서전을 통해 만 30년이란 짧은 생애를 출생부터 성장 배경과 그 과정, 그리고 이토 히로부미를 암살하게 된 경위와 그 이유까지 진솔하고도 자세하게 기록하였습니다.

「안응칠 역사」에 이어 안 의사는 곧바로 「동양평화론」의 집필에 들어갔습니다. 법적으로 보장된 항소를 포기하는 대신, 고등법원장 히라이시에게 예정된 사형집행일을 15일 정도 연기해 달라고 탄원하고 집필에 들어갔던 것입니다. 사형을 앞둔 너무나 절박한 상황에서 3월 18일 서문을 완성하였습니다. 그러나 일본은 그가 남길 글의 내용이 두려웠는지 약속을 지키지 않아, 안 의사는 서문, 전감(前鑑), 현상(現狀), 복선(伏線), 문답(問答) 등 5단계 중에 전감까지만 완성하고 끝을 보지 못했습니다.

1910년 3월 26일 오전 10시, 여순은 아침부터 짙은 안개 속에 부슬비가 내리고 있었고, 그 전날 고향에서 보내 온 흰색 명주 한복으로 갈아입은 안 의사는 간수 4명의 호송을 받으며 형장으로 끌려 나왔습니다. 이윽고 감옥 소장이 사형 집행문을 낭독하고 뭔가 남길 말이 있느냐고 묻자 "아무것도 없으나 다만 내가 한 이토 히로부미 사살은 동양평화를 위해 한 것이므로 일한 양국인이 서로 일치협력해서 동양평화의 유지를 도모할 것을 바란다."라고 말했습니다. 이어 안 의사는 "마지막으로 동양평화만세를 삼창하고자 한다."라고 하였으나, 감옥 소장(전옥)이 허락지 않아 사형집행을 명하였습니다. 이에 간수가 반 장짜리 종이 두 장을 접어 안 의사의 눈을 가리고 그 위에 흰 천을 씌웠습니다. 안 의사는 수 분간 묵도를 했고 기도가 끝나자 몇 명의 간수에 둘러싸여 교수대로 향했습니다. 교수대의 구조는 마치 2층집 같아서 작은 계단 7개를 올라가면 화로방 같은 것이 있었습니다. 드디어 안 의사가 교수대 위에 책상다리를 하고 앉자, 간수 한 명이 그의 목에 밧줄을 감고 교수대 한쪽을 밟으니 바닥이 '콰당' 소리를 내며 떨어졌습니다. 10시 15분 안 의사는 완전히 절명했습니다. 거기까지 걸린 시간은 불과 11분이었습니다.[44]

이렇게 안 의사는 수감 생활 약 5개월(144일) 만에 중국 요녕성 대련시 여순(뤼순)에 있는 감옥 교수형장에서 32세(만 31세)로 순국하였습니다.

두 동생은 대한독립이 이루어지기 전에는 유해를 조국으로 반장(返葬)하지 말라는 유언을 기억하며, 안중근이 처형되던 날 감옥 밖에서 형의 시신을 넘겨주기를 기다렸습니다. 그러나 점심때가 지나가고 날이 어둑해져도 소식이 없자, 더 이상 참지 못하고 감옥 소장을 찾아가 형의 시체를 내어 달라고 따졌습니다. 그는 "당신들은 혈육의 정으로 유골을 가져가려고 하지만 정부의 명령이 있으니 어떻게 하겠는가?"라며 끝내 안 의사의 유해를 내어 주지 않았고, 안 의사가 묻힌 곳조차 알려 주려 하지 않았습니다. 안중근 추모 열기를 미리 감지한 일제가, 안 의사의 유해를 돌려주게 될 경우 그가 묻힌 곳이 곧 한국 독립운동의 성지가 될 것을 두려워하여, 공동묘지 비슷한 분묘 속에 그의 유해를 감추어 버려, 아직도 그의 시신을 찾아내지 못하고 있습니다.

사형 직전 두 동생을 통해 전한 '동포에게 고함'이라는 유언에는 언제나 그러했듯이 이미 생사를 초월한 안 의사의 한국의 자유 독립을 그리는 사무친 심경이 담겨 있습니다.

---

44) 김호일, 「대한국인 안중근」 (눈빛, 2011), 167.

[순국 전날, 이천만 동포에게 남긴 안중근의 유언]
「내가 한국 독립을 회복하고 동양 평화를 유지하기 위하여 3년 동안을 해외에서 풍찬노숙(風餐露宿)하다가, 마침내 그 목적을 달성하지 못하고 이곳에서 죽노니 우리 2천만 형제자매는 각각 스스로 분발하여 학문에 힘쓰고, 실업을 진흥하며, 나의 끼친 뜻을 이어 자유 독립을 회복한다면 죽는 자로서 여한이 없겠노라.」

대한독립을 평생의 사명으로 알고 오로지 대한독립을 도모했던 그의 불굴의 투혼이, 오늘날 독립을 이룩한 자유 대한의 품에서 살아가는 우리 각자의 가슴에 다시금 선명하게 새겨지기를 소원합니다.

[참고문헌]
- 김호일, 「대한국인 안중근」(눈빛, 2011)
- 안중근 의사 숭모회, 「대한의 영웅 안중근 의사」(안중근 의사 기념관, 2009)
- 김삼웅, 「안중근 평전」(시대의 창, 2009)
- 원재훈, 「안중근, 하얼빈의 11일」(사계절출판사, 2010)
- 안중근 투쟁 백주년 순국 백주년 기념 출판, 「안중근 전쟁 끝나지 않았다」, 이기웅 옮겨 엮음 (열화당, 2010)

4. 1910년 8월 29일, 한일합병 (경술국치)

August 29, 1910, Japan-Korea Annexation (national humiliation)

안중근 의사의 이토 히로부미 저격 이후 일본에서는 하루빨리 조선을 완전 합병하라는 여론으로 들끓었고, 결국 일본은 1910년 7월 23일 일본 육군대신 **데라우치 마사다케**를 제 3대 조선통감으로 보내었습니다. 영국 신문기자 **프레데릭 맥켄지**(Frederick Arthur McKenzie)는 "이토 히로부미는 채찍으로 사람을 쳤지만 그는 쇠사슬로 사람을 칠 인물이었다."라고 표현했습니다.[45]

을사늑약 체결 5년 후, 1910년 8월 29일, 우리나라는 일본의 탄압에 못 이겨 조선의 마지막 왕 순종 때, 한일합병 조약 체결 사실을 발표하게 됩니다. 당시 하늘에서도 일제의 강압에 의한 한일합병을 괴로워한 듯 1910년 운명적인 그해, 8월 10일을 전후해서 일본에는 이전에 볼 수 없었던 집중호우가 쏟아졌습니다. 곳곳에 산이 무너지고 제방들이 터져 강물이 범람하였으며, 철도와 도로가 불통되어 연락이 두절되는 곳이 속출하였습니다. 동경 일본 외무성의 시바타는 한국 강점을 위해 하루에도 여러 차례 서울의 통감부 통감 비서관 고다마 히데오와 전문을 주고받았는데, 그 가운데 1910년 8월 14일 정오에 보낸 전문에도 당시의 심각한 수해 상황이 반영되어 있습니다.

"이번 수해는 심각해서 도쿄부 주변 및 인근 현의 상태는 필지(筆紙)로써 다 할 수 없음"[46]

1907년 고종이 일제에 의해 강제로 폐위된 후 일제의 꼭두각시 노릇을 해야 했던 순종은 결국 일제와의 합병을 알리는 조서(詔書)

---

45) F.A. 맥켄지, 「한국의 독립운동」, 신복용 역 (평민사, 1986), 146.
46) 이정은, 「유관순-불꽃같은 삶, 영원한 빛」 (사단법인 류관순열사기념사업회, 2005), 157.

를 발표했습니다.

"짐은 동양 평화를 위해, 한일 양국의 친밀한 관계로써 양국이 서로 합쳐 일가를 이루는 것은 상호 만세의 행복을 도모하는 것으로 생각한다. 한국의 통치권을 모두 짐이 극히 신뢰하는 대일본제국 황제폐하에게 양여하기로 결정하였다. 그래서 필요한 조문(條文)을 규정하여, 장래 우리 황실의 영구한 안녕과 생민의 복리를 보장받기 위해 총리대신 이완용을 전권위원으로 위임하고 대일본제국 통감부 데라우치 마사다케(寺內正毅)와 회동, 상의해 협조하도록 하노라. 여러 신하들도 또한 짐의 확실한 뜻을 본받아 시행하도록 하라."

1910년 8월 22일 오후 2시, 창덕궁 대조전 흥복현에서 조선의 마지막 어전회의가 열렸습니다. 총리대신 이완용, 내무대신 박제순, 농상공부대신 조중응, 탁지부대신 고영희, 법무대신 이재곤, 왕족대표 이재면, 원로대표 김윤식, 궁내대신 민병석, 시종원경 윤덕영·이병무 등이 참석하였습니다. 이 자리에서 이완용은 한일합병을 해야 하는 이유를 1시간 넘게 설명하였고, 이완용의 설명을 들은 대신들은 항의하지 않았으며, 통곡하거나 우는 자도 없었습니다. 총리대신 이완용은 이날 한일합병안을 가결시키는 동시에, 스스로 일한양국 병합전권위원이 되어 데라우치 마사다케(寺內正毅)의 관사로 찾아가 합병 조약을 체결했습니다.

이를 경술국치(庚戌國恥)라고 하며, 경술9적이 국가와 백성을 배반하고 나라를 일본에 넘겨준 것입니다. 윤덕영, 이완용, 한상룡, 조중응, 신흥우 등은 일본과 합병한 것이 만족하다고 하였습니다. 참으로 대한제국의 멸망은 부정부패와 내부의 적 때문이었습니다. 이완용은 한일합병의 주역으로, 훈 1등 백작과 잔무처리 수당 60여 원, 퇴직금 1,458원 33전, 총독부의 은사 공채 15만 원을 받았습니다.

그때의 나라 잃은 비통한 심경으로 한일합병 조항의 내용을 모두 소개해 봅니다.

제1항 한국 황제폐하는 한국정부에 관한 모든 통치권을 완전히 그리고 영구히 일본국 황제폐하에게 양여함.

제2항 일본국 황제폐하는 전조에 게재한 양여를 수락하고 또 전 한국을 일본제국에 병합함을 승낙함.

제3항 일본국 황제폐하는 한국 황제폐하·태황제폐하·황태자폐하와 그 후비 및 후예로 하여금 각기 지위에 응하여 상당한 존칭·위엄 그리고 명예를 향유케 하며 또 이를 보지(保持)하기에 충분한 세비를 공급할 것을 약함.

제4항 일본국 황제폐하는 전조 이외의 한국 황족과 기 후예에 대하여 각기 상당한 명예와 대우를 향유케 하며 또 이를 유지하기에 필요한 자금을 공여할 것을 약함.

제5항 일본국 황제폐하는 훈공 있는 한인으로서 특히 표창을 행함이 적당하다고 인정되는 자에 대하여 영작(榮爵)을 수여하고 또 은금을 여(與)할 것.

제6항 일본국 정부는 전기 병합의 결과로서 전연(全然) 한국의 시정을 담임하고 동지(同地)에 시행하는 법규를 준수하는 한인의 신체와 재산에 대하여 충분한 보호를 하며 또 기 복리의 증진을 도모할 것.

제7항 일본국 정부는 성의와 충실로 신제도를 존중하는 한인으로서 상당한 자격이 있는 자를 사정이 허하는 한에서 한국에 있는 제국관리로 등용할 것.

제8항 본 조약은 일본국 황제폐하 및 한국 황제폐하의 재가를 받은 것으로서 공포일로부터 시행한다.

우증거(右證據)로 량전권위원은 본 조약에 기명 조인하는 것이다.

륭희(隆熙) 4년 8월 22일 내각총리대신 이완용(李完用) 印
명치(明治) 43년 8월 22일 통감 자작(子爵) 사내정의(寺內正毅) 印

이 조약 또한 을사늑약과 마찬가지로 일제의 강압에 의해 체결된 것입니다. 우리나라를 완전하고도 영구히 일본에게 물려주겠다고 하였으니, 이보다 더 비참하고 부끄러운 문장이 또 어디 있겠습니까?

1910년 8월 29일 일본이 강제로 순종에게 국새를 찍을 것을 강요하였으나 순종은 끝까지 거부하였습니다. 당시 순종황제는 "한일합병은 무효"라고 하면서, "일본이 역신의 무리(이완용 등)와 더불어 제멋대로 해서 선포한 것으로 나를 유폐하고 협박하여 한 것이노라."라고 마지막 유언을 남겼습니다.

한일합병조약 체결과 함께 제 27대 조선왕조는 519년 만에 국권을 완전히 상실하였고, 한반도 전체는 하루아침에 남의 땅이 되었습니다. 2,300만 전 국민은 부모 잃은 고아처럼 불쌍하고 가련한 신세가 되어 생지옥 같은 일제 식민통치하에 살게 된 것입니다. 우리나라 4천 년 역사에서 임진왜란, 병자호란 등 숱한 전쟁을 겪었으나, 외적이 이처럼 우리나라의 백성을 토막치고 강토를 짓밟으며 나라를 송두리째 빼앗은 일은 처음이었습니다. 이것은 삼천리금수강산을 삼키기 위해, 일제가 15년 동안 진행해 왔던 것이고 잔악한 일제의 침략 야욕의 필연적인 귀결이었습니다.

실로 1910년 8월 29일은 한일합병에 의해 국토와 국권이 완전히 박탈된, 영원히 잊을 수 없는 국치(國恥)의 날입니다. 나라의 국맥이 36년 동안 끊어지게 된 날이요, 왜적의 비참한 식민지 종살이로 굴러 떨어진 날입니다. 이날 온 겨레는 찬란한 문화와 미덕의 나라가 사라져 가는 모습에 비탄에 젖어 통곡했습니다.

36년간 국권을 상실하면서 한꺼번에 몰아닥친 것은 자유 박탈, 인권의 유린, 국혼의 상실, 말과 글과 이름의 상실 등으로, 이렇게 우리나라는 너무도 부끄럽고 치욕스러운 일을 당했습니다. 실로 이 나라 백성과 땅은 한 세대가 넘도록 암흑의 세월을 보내야 했고, 죽을 만큼 고생스러운 쓰디쓴 아픔을 이를 악물고 참아야만 했습니다. 36년은 너무나 길고 오랜 세월이었습니다. 궁궐은 폐허가 되어 잡초만이 무성했고, 망명한 백성은 객지에서 온갖 고생과 푸대접 속에 방황하며 하루하루를 버텨야만 했습니다. 국내에서는 빼앗긴 나라를 언제 다시 찾는다는 기약도 없이 일제의 야만적인 식민 통치에 짓눌려, 억울하고 서러워도 대항 한 번 못 해 보고 망국의 한과 설움을 톡톡히 겪어야 했습니다.

5. 1919년 기미년 3·1 독립운동

March First Independence Movement of 1919

한일강제합병으로 한반도의 식민화가 시작된 암흑의 세월 9년, 1919년 기미년 3월 1일에 이르러 늦게나마 나라를 되찾고자 하는 울분으로 온 국민이 하나 되어 3·1독립운동을 일으켰습니다. 전국 방방곡곡의 200만 이상 국민들이 참여한 가운데 애국 애족의 민족혼이 전국적으로 불길처럼 타올랐습니다.

(1) 3·1운동의 힘을 고양시켜 준 신민회와 105인 사건

'105인 사건'의 시발점은 안명근 사건이었습니다. 1910년 8월 29일 한일합병조약으로 온 나라가 등불 꺼진 캄캄한 밤을 만났을 때, '해서교육총회'의 중심인물로 교육을 통한 국권회복운동에 매진했던 안명근 선생[47]은 더 이상 국내에서는 활발한 독립운동이 불가능하다는 것을 인식하고, 서간도에 한인청년들을 이주시켜 학교를 세우고, 이들을 교육하여 중국의 무관학교에 보내 독립군을 양성하려는 원대한 계획을 세웠습니다. 이 일을 구체화하기 위해서는 무기 구입 등 막대한 자금이 필요하므로, 안명근 선생은 황해도의 안악과 신천 지역의 부자들을 찾아다녔습니다. 그런데 어처구니없게도 1910년 11월 황해도 신천의 민병찬 등이 이 일을 일제 헌병에게 밀고함으로써, 1910년 12월 안명근 선생은 사리원에서 평양으로 가던

---

47) 안명근 선생은 1879년 9월 17일 황해도 해주에서 태어났으며, 안중근 의사와는 동갑내기 사촌 동생이다. 진해현감을 지낸 할아버지 안인수(安仁壽) 슬하의 6남 3녀 가운데 2남 안태현(安泰鉉)이 안명근의 부친이며, 3남 안태훈(安泰勳)이 안중근의 부친이다. 안명근 선생은 1905년 을사늑약 이후 황해도 지역의 대표적인 교육운동단체였던 안악면학회와 이를 확대, 발전시킨 '해서교육총회'의 중심인물로 활동하며 교육을 통한 국권회복운동에 매진했다. 한편, 안명근 선생은 1911년 7월 22일 경성지방재판소에서 종신형을 언도받고 약 15년의 옥고를 치르다가 1924년 출옥했다. 그 후 중국으로 망명, 독립운동을 계속하였으나, 옥중 여독으로 고생하다가 지린성(吉林省)에서 1927년 7월 순국하였다.

중 일경에게 붙잡히고 말았습니다.

일제는 이 일을 무기 구입을 위한 강도 및 강도미수 사건으로 확대 과장하여 가혹한 고문을 가하였습니다. 또 이 사건을 의도적으로 부풀려 황해도의 신민회 관계자 160여 명을 잡아들였습니다.

신민회는 1907년 4월 20일경, 안창호가 귀국 2개월 만에 상동교회의 청년학원을 중심하여 만든 비밀결사 조직입니다. 신민회의 창립 발기인은 안창호를 제외하고 6인이었는데, 양기탁, 이갑, 유동설, 이동휘, 이동녕, 전덕기이며, 평양을 중심으로 한 서북 지역과 서울 지역 인사들을 중심으로 창립되었습니다. 처음 신민회는 전덕기 목사가 상동교회 내(內) 비밀결사의 성격을 띤 기독교 구국 단체인 '상동청년학원'을 토대로 조직되었으므로, 신민회 초기 발기인들은 상동교회 교인이거나 그 교회 청년학원과 직간접으로 연관을 맺고 있었습니다. 그러나 신민회는 기독교적이라기보다는 국가적 위기 속에 상실되어 가는 국권을 회복해야 한다는 구국 의식으로 뭉친 모임이었습니다. 한 예로, 1905년 을사조약이 체결되자 매일 저녁 남녀교인 수천 명이 구국집회로 모였는가 하면, 전덕기, 정순만은 평안도 장사 십수 명을 모아 박제순 등 을사5적을 암살할 모의를 하기도 하였습니다.

처음에는 신민회를 비밀결사로 할 것인가, 아니면 공개단체로 할 것인가를 놓고 논란이 많았습니다. 안창호는 당시 우후죽순처럼 생겨나는 구국 학회와 구국 단체(대한자강회 등)들이 일제의 강화된 탄압 속에 적극적으로 움직이지 못하는 것을 보고, 그러한 단체와는 구분되는 비밀조직이 필요하다고 생각했습니다. 그래서 보다 투쟁적이고 적극적인 구국운동을 모색하되, 일본 총독부에게 해산을 당해서는 안 되겠기에 비밀결사를 고집한 것입니다. 실제로 일제는 1909년까지 신민회 조직을 전혀 파악하지 못했습니다. 비밀조직이었던 만큼 신민회에 가입하기 위한 조건은 철저했고, 수차례 테스트 과정을 거쳐 수개월 만에 비로소 가입이 허락되곤 했습니다. 가입 절차에 있어서 핵심적인 자격 조건은 그 목적에 걸맞게 첫째는 투철한 국가관(國家觀)과 애국심(愛國心)이 있는가였고, 둘째는 국가를 위해 피를 흘릴 수 있을 만한 담력(膽力)과 희생정신(犧牲精神)이 있는가 하는 것이었습니다.[48]

신민회 회원은 주로 학생층이었으며, 그 연령대는 10대부터 있었으나 20대가 가장 많았고, 평균연령이 30대를 넘지 않았습니다.[49] 이들은 대한매일신보, 소년 등 잡지를 통하여 신 사상을 국민들에게 계몽하였으며 독립운동의 기초를 세웠습니다.

이렇게 비밀결사 조직으로 활동하던 신민회가 약 2년 만에 일제에게 발각이 되기에 이릅니다. 일제가 황해도의 신민회 관계자 160여 명을 잡아들였던 이 사건은 '안악 사건' 또는 '안명근 사건'이라고도 부릅니다. 일제는 심한 폭력과 고문을 가하여 허위 자백을 받아내는 등, 꼬리에 꼬리를 무는 거짓말로 아무런 근거도 없는 사실을 부풀려 날조하였습니다. 일제는 1910년 12월 27일, 압록강 철교의 낙성식에 참석하려고 떠났던 당시 **데라우치 총독**이 선천역에 잠시 하차하는 순간 안중근의 사촌 안명근이 데라우치를 처단하려 했으나, 경비가 너무 삼엄하여 저격 순간을 찾지 못해 결국 실패로 끝나고 말았다고 또 다른 조작극을 꾸몄습니다. 일제의 거짓말 조작극은 여기서 멈추지 않았습니다. 신민회의 주요 간부들이 여섯 차례[50]

---

48) 「105인사건과 신민회연구」, 191.
49) 「105인사건과 신민회연구」, 202.
50) 1910년 음력 8월 20일, 음력 9월 15일, 음력 10월 20일, 음력 11월 27-28일, 1911년 10월 31일, 11월 2일.

에 걸쳐서 데라우치 총독을 암살하려 했다고 조작하여, 그들이 만든 거짓된 각본에 따라 회원들을 체포하기 시작했던 것입니다.

일제는 신민회를 아예 없애 버리려고 기독교계 인사 이명룡, 김동원, 윤치호, 유동열, 양기탁, 양전백 등과 목사 6명, 장로 50명, 집사 80명을 포함, 평소 일제에 비협조적이던 700여 명의 인사를 연루시켜 검거하였습니다. 검거된 자는 지역적으로 신천, 평양, 정주 순으로 많았습니다. 이들을 재판대에 세우기 위해 재판소까지 새로 증축하였다고 하니, 이 사건의 규모를 가히 짐작할 만합니다.

1912년 1월부터 일본 경찰은 조작, 날조된 내용을 가지고 허위 자백을 받기 위해, 당시 총독부 경무총감 '아카시'의 지시로 이들에게 가장 악독하고 잔학무도한 고문을 자행했습니다.[51] 주먹과 곤봉으

---

51) 주먹과 구둣발로 목 부분과 전신을 비벼 대거나 구타하는 방법·손가락 사이에 철봉을 끼우고 손끝을 졸라맨 후 천장에 매달고 잡아당기는 방법·대나무 못을 손톱과 발톱 사이에 박는 방법·수십 일 간 완전 밀폐된 독방에 가두고 일체의 음식물을 주지 않는 방법·가장 추운 날 옷을 벗긴 후 수도전에 묶고 찬 물을 끼얹어 얼음기둥을 만드는 방법·가죽 채찍과 대나무 묶음으로 맨몸을 휘감아 갈기는 방법·널빤지에 못을 박아 그 위에 눕게 하는 방법·양쪽 엄지손가락을 결박한 후 한쪽 팔은 가슴 앞으로 돌려 어깨 너머로 올리고 다른 한쪽 팔은 등 쪽으로 돌려 공중에 매단 후 가죽 채찍으로 갈기는 방법(이른바 '학춤 고문법')·온 몸에 기름을 바른 후 인두와 담뱃불 등으로 단근질하는 방법·참대나무를 양쪽에서 마주 잡고 위에서 아래로 훑어 내리는 방법·입을 벌리게 한 후 혀를 빼게 하고 기도(氣道)에 담배연기를 넣는 방법·기절했을 때 종이로 얼굴을 봉창한 후 물을 끼얹는 방법·1전짜리 동전 둘레만큼의 머리카락에 몸을 매달아 머리털이 빠지게 하는 방법·돌바닥에 메어쳐 놓은 후 머리채와 귀를 잡아끌고 다니며 구타하다가 돌바닥에 처박는 방법·코에 뜨거운 물을 붓고 거꾸로 매달거나 뒹굴리는 방법·입을 벌리게 하고 막대기로 석탄가루를 쑤셔 넣어 기절시키는 방법·입에 재갈을 물리고 머리털을 선반에 잡아맨 후 앉을 수도 설 수도 없는 좁은 공간에 처박아 놓는 방법·여러 날 일체 굶긴 후 그 앞에 만찬을 차려 놓는 방법·수염의 양끝을 서로 묶은 다음 빠질 때까지 잡아당기는 방법·사형집행(死刑執行)을 가장하여 자백을 최후로 강요한 후 이에 응하지 않을 경우 공포를 쏘아 실신시키는 방법 등.

로 온몸을 사정없이 구타하고 천장에 매달아 때리며, 불로 단근질[52] 하기를 8시간씩이나 하였습니다. 그래도 허위 자백을 하지 않자 산으로 끌고 가 소나무에 묶어 놓고 칼로 위협하기도 하였습니다. 또한 허위로 작성한 내용을 암기하여 자백하도록 몇 번이고 연습시켰으며, 암기할 때까지 고문을 가했습니다.

이러한 일본의 포악하고 반인륜적이며 야만적인 무단 식민통치의 실상은, 외국인 선교사들을 통해 만천하에 드러나 세계의 이목을 집중시키기도 했습니다. 숱한 고문 중에서도 가장 참기 어려웠던 것은 여러 날을 굶긴 후 그 앞에 맛있는 음식을 차려 놓고 이를 바라보도록 하는 것이었다고 합니다. 한번 고문이 시작되면 3-4시간 계속되었으며, 그러기를 35일간 하루도 거르지 않고 진행하였는데, 모진 고문은 한 초(秒) 한 초씩 그 고통을 참아낼 수 있었으나 고문 후에 몰려오는 허기가 가장 견디기 어려웠다고 합니다. 그래서 자신의 의복 속의 솜을 뜯어 먹거나, 문창호지를 씹어 먹는가 하면 심지어 깔고 자던 썩은 짚을 씹어 삼키기도 했다고 합니다.

1912년 8월 30일, 제 1심에서 18명은 "충분한 증거가 없다."라는 이유로 무죄를 언도받았고, 유죄 판결을 받은 사람이 105인이었습니다. 그래서 '105인 사건'이라 불리게 되었습니다. 윤치호, 양기탁, 이승훈 등 주모자급 6명은 10년, 그 외 18명에게는 7년, 39명에게는 6년, 나머지 42명에게는 5년이 각각 선고되었습니다. 이것은 지금까지 유례가 없던 최대 규모의 공판이었습니다.

유죄 선고를 받은 105명이 불복상고(不服上告)를 제기하여, 공판 과정에서 피의자들에 대한 고문 사실이 적나라하게 폭로되고, 모든

---

52) 단근질(烙刑): 쇠를 불에 달구어 죄인의 몸을 지지는 형벌

사건이 일제의 조작에 의한 것이었음이 드러났습니다. 게다가 피의자들의 의연한 진술이 계속되고 고문 받은 상처를 내보이며 일제의 잔인한 고문 방법을 폭로하자, 이에 당황한 일본 재판부는 세계의 이목이 집중되는 것을 꺼려하여 제 2심에서 105명 중 99명을 무죄로 석방하고, 윤치호, 양기탁, 안태국, 이승훈, 임치정 등에게 징역 6년형, 옥관빈에게 5년형을 선고했습니다. 재판이 진행되면서 명백한 증거 자료가 제출되고 사건의 허구성이 분명해지자, 피의자들은 물론 방청인 모두가 환호와 고함과 울음으로 재판정을 가득 메웠습니다.

실형을 받았던 6명이 1915년 2월 천황 대사관 특사 형식으로 3년이 못 되어 출소하였는데, 이때 평양역에는 약 9천여 명의 시민들이 나와서 국가와 신앙을 위해 고난의 가시밭길을 걸었던 그들을 극진히 환영하였습니다.

한편, 105인 사건으로 선교사들을 국외로 추방하려 했던 일본은, 본 사건이 확대되어 세계 여론으로부터 종교 탄압이라는 거센 항의와 비난을 받게 되자 선교사들에 대한 구속 및 추방을 철회하였습니다.

105인 사건을 기점으로 독립운동을 위한 비밀결사대였던 '신민회'의 실체가 드러나 해체된 것은, 우리 민족 독립운동의 큰 손실이 아닐 수 없었습니다. 그러나 이 사건으로 국민들의 항일독립정신이 더욱 고취되었고 '신민회'의 항일의식을 계승, 승화, 발전시켜 국내외에서 많은 이들이 독립운동에 참여하였는데, 그 민족적 힘이 약 10년 후에 우리 민족의 독립의지를 전 세계에 천명한 3·1운동에서 잘 드러났다고 할 수 있습니다. 한편, 1915년을 전후해 풀려난 '신민회' 회원 대부분은 1919년 3·1운동의 지도자로 부상했으며, 또한 같은 해 4월 상해에 임시정부를 세우는 지도력을 나타냈습니다.

(2) 3·1독립운동의 기폭제

3·1독립운동의 기폭제가 된 것은 미국의 윌슨 대통령이 주장한 **민족자결주의**였습니다. '그 민족의 운명은 그 민족 스스로의 의사에 따라 결정해야 한다.'라는 것이 요지였습니다. 1918년에 제 1차 세계대전이 끝나자 프랑스 파리에서 열린 **민족 강화회의**에서 미국 대통령 우드로 윌슨이 약소민족의 자결주의를 제창한 것입니다. 이것은 여러 피압박 민족들에게 충격을 주었는데, 특히 우리 민족에게는 국권회복의 큰 소망을 갖는 계기가 되었습니다. 나라를 되찾을 수 있다는 큰 용기를 얻어 이 기회에 독립을 달성해 보자는 움직임이 싹트기 시작했습니다. 남강 이승훈과 기독교 목사들 사이에서 시작되어, 박희도가 지도하는 기독학생회도 이 운동에 관여했습니다.

또한 거족적인 독립운동을 자극했던 결정적 계기는 바로 조선의 제 26대 왕 고종황제가 1919년 1월 21일 오전 6시, 67세의 나이로 갑작스럽게 서거한 사건입니다. 일제는 뇌출혈로 사망한 것이라고 발표했지만, 일본에서 유학 중인 **영친왕** 이은(李垠)[53]과 왕족 **니시모토노미야 마사코**[54]와의 결혼이 1919년 1월 25일로 발표된 후 갑자기 새벽에 쓰러져 사망한 고종의 석연찮은 죽음 때문에, 항간에는 일제의 독살설이 퍼지게 되었습니다. 영친왕은 이미 유학 전 민갑완이라는 약혼녀가 있었기 때문에 고종은 자신의 아들이 일본 왕족과

---

53) 고종과 순헌황귀비 엄씨의 아들
54) 메이지 일본 국왕의 동생 아사히코 왕의 손녀

결혼하는 것을 원치 않아 반대하였고, 이 혼인은 1920년 4월 28일로 연기되었습니다.

고종황제의 돌연한 부음에 놀라 스스로 목숨을 끊은 유신영(1853-1919년)이라는 노인의 유서에는, 당시 백성들이 받은 커다란 충격과 극에 달한 민족적 슬픔이 잘 나타나 있습니다(독립기념관 소장 자료, No. 3018).

「나라가 없으나 임금은 있어 복국(나라를 되찾는 것)될까 기다렸더니 시방은 상황 돌아감이 쓸데없으니 어찌 사노. 이러므로 인산날로 죽기 작정하니 세상은 하직이로다. ....」

국상 기간 내내 밤낮으로 끊이지 않았던 고종황제의 죽음을 애도하는 통곡소리는, 나라 잃은 백성의 울음이요 통곡이었습니다. 덕수궁 대한문 앞에는 거적자리가 펴졌고, 오고가는 조문객들이 시키는 사람이 없어도 자발적으로 줄을 지어 기다렸다가 한 무리가 꿇어 엎드려 통곡하고 일어나면 또 다른 한 무리가 엎드려 통곡하였습니다. 호곡하는 소리는 지금의 덕수궁 앞 광장에 메아리쳐 하늘에까지 닿는 듯했습니다.[55]

실로 고종황제의 일제독살설은, 나라 잃은 설움으로 일제에 짓눌려 있던 백성으로 하여금 민족적 의분과 울분을 유발시키기에 충분했습니다. 거기에는 남녀노소 계급 지위 따위의 차별이란 전혀 없었고 다시 나라를 되찾아 보자는 일치된 민족감정뿐이었습니다. 한편 일제는 승하한 고종황제에 대한 백성의 충성심에 깜짝 놀라 소요의 조짐이 있는지 잘 감시하라는 비밀 지령을 내리기도 하였습니다.

---

[55] 「유관순-불꽃같은 삶, 영원한 빛」, 248.

당시 20대 초반이었던 국어학자 이희승 씨는 고종황제의 국장을 보기 위해 많은 지방 사람들이 서울로 올라오고 있던 상황을 다음과 같이 기록하였습니다.

「며칠 전부터 전국 각지에서 남녀노소의 구별 없이, 인산(因山)을 구경하기 위하여 서울로 올라오는 사람이 어마어마하게 많았다. … 극빈자가 아닌 이상, 서울로 오지 않은 사람이 별로 없었다. … 서울역 출구에서는 인파가 마치 폭포수 모양으로 줄을 대어 쏟아져 나오는 것이었다. 서울 시내에서는 이 많은 사람들을 수용할 길이 없어, 여관들은 물론 초만원이요, … 그러고도, 시내의 대소 도로의 노면에는 노숙하는 사람들이 또한 굉장히 많았었다. … 기회는 대단히 좋았었다. 밖으로부터 민족자결의 선풍이 불어 왔고, 안에서는 서울이 생긴 이래 처음으로 많은 군중이 모여들어 있었으므로, 어떠한 운동이나 거사를 하기에는 천재일우의 절호한 기회였던 것이었다.」[56]

온 국민과 민족 대표들은 나라 잃은 슬픔이 극에 달하였던 때, 고종황제의 국장을 보기 위해 수많은 인파가 서울로 모여들 것을 예상하고, 이 시기를 독립운동 절호의 기회로 삼았습니다. 그리하여 **고종황제의 인산일(因山日·장례일)인 3월 3일을 이틀 앞둔 3월 1일에 거족적인 민족 운동인 3·1독립운동을 일으키게 된 것입니다.**

(3) 3·1독립운동 정신의 집약, 기미독립선언문

1919년 3월 1일 2시, 서울의 파고다(탑골) 공원에서 5천여 명의 군중이 모인 가운데 역사적인 독립선언문 낭독이 있었고, 그 후에 일제히 독립만세를 우렁차게 외쳤습니다. 같은 시간 태화관에서도 독립선언서에 서명했던 민족 대표 33인 중 29인이 참석한 가운데 독

---

[56] 이희승,「내가 겪은 三·一운동. 삼일운동 50주년 기념논문집」(동아일보사, 1969), 399-400.

립선언문을 낭독하고 독립만세를 불렀습니다.

　기미독립선언서에는 3·1독립운동의 정신이 집약되어 있습니다. 아래는 기미독립선언서의 원문을 알기 쉽게 해석하여 옮긴 것입니다. 이 독립선언서는 최남선이 1919년 2월부터 밤에 3주 동안 사람이 없는 틈을 타서 한 편마다 3-4일씩 걸려 기초를 작성했습니다. 3월 1일 이 독립선언서가 선포되자, 일제는 그 필자를 찾느라고 혈안이 되었고, 후일 공판에서 최남선에게 선언서 끝에 붙은 공약 3장의 2항 '**최후의 일인까지 최후의 일각까지**'(마지막 한 사람에 이르기까지, 마지막 한 순간에 다다를 때까지)라는 구절이 내란죄에 적용된다고 하여 크게 문제 삼았습니다. 그러나 일제가 논란을 벌인 공약 3장은, 실은 최남선이 아닌 한용운이 추가한 글이었습니다.

기미독립선언서 (해석)

　우리는 여기에 우리 조선이 독립된 나라인 것과 조선 사람이 자주하는 국민인 것을 선언하노라. 이것으로써 세계 모든 나라에 알려 인류가 평등하다는 큰 뜻을 밝히며, 이것으로써 자손만대에 알려 겨레가 스스로 존재하는 권리를 영원히 누리도록 하노라.

　반만년 역사의 권위를 의지하며 이것을 선언하는 터이며, 이천만 민중의 충성을 모아 이것을 널리 알리는 터이며,

　사람 된 양심의 발로로 말미암은 세계 개조의 큰 기운에 순응해 나가기 위하여 이것을 드러내는 터이니,

　이는 하늘의 명령이며, 시대의 대세이며,

　온 인류가 더불어 같이 살아갈 권리의 정당한 발동이므로, 하늘 아래 그 무엇도 이것을 막고 누르지 못할 것이라.

　낡은 시대의 유물인 침략주의 강권주의에 희생을 당하여, 역사 있은 지 여러 천년의 처음으로 다른 민족에게 억눌려 고통을 겪은 지 이제 10년이 되도다.

우리가 생존권마저 빼앗긴 일이 무릇 얼마며, 새롭고 날카로운 기백과 독창성을 가지고 세계문화의 큰 물결에 이바지할 기회를 잃은 일이 무릇 얼마인가!

오호! 예로부터의 억울함을 풀어 보려면,
지금의 괴로움을 벗어나려면, 앞으로의 두려움을 없이하려면,
겨레의 양심과 나라의 도의가 짓눌려지는 것을 다시 살려 키우려면,
사람마다 인격을 옳게 가꾸어 나가려면,
불쌍한 아들딸들에게 부끄러운 유산을 물려주지 않으려면,
자자손손이 길이 완전한 행복을 누리게 하려면,
우선 급한 것이 겨레의 독립인 것을 뚜렷하게 하려는 것이다.
이천만 각자가 사람마다 마음속의 칼날을 품으니 인류의 공통된 성품과 시대의 양심이 정의의 군대가 되고,
인륜과 도덕이 무기가 되어 우리를 지켜 주도다.
우리가 나아가 이것을 얻고자 하는데 어떤 힘인들 꺾지 못하며 물러서 계획을 세우는데 무슨 뜻인들 펴지 못할까?

병자수호조약(1876년) 이후, 시시때때로 굳게 맺은 약속을 저버렸다 하여 일본의 신의 없음을 탓하려 하지 아니 하노라. 학자는 강단에서 정치인은 실생활에서 우리 조상 때부터 물려받은 이 터전을 식민지로 삼고, 우리 문화민족을 마치 미개한 사람들처럼 대하여 한갓 정복의 쾌감을 탐낼 뿐이요, 우리의 영구한 사회의 기틀과 뛰어난 이 겨레의 마음가짐을 무시한다 하여, 일본의 옳지 못함을 책망하여 하지 아니하노라. 자기를 일깨우기에 바쁜 우리에게는 예로부터의 잘못을 따져볼 겨를도 없노라. 오늘 우리의 할 일은 다만 나를 바로잡는 데 있을 뿐 결코 남을 헐뜯는 데 있지 아니하도다. 엄숙한 양심의 명령에 따라 자기 집의 운명을 새롭게 개척하는 일일 뿐, 결코 묵은 원한과 일시의 감정을 가지고 남을 시기하고 배척하는 일이 아니로다. 낡은 사상과 낡은 세력에 얽매인 일본 위정자의 공명심의 희생으로 이루어진 부자연스럽고

불합리한 이 그릇된 현실을 고쳐서 바로잡아 자연스럽고 합리적인 올바른 바탕으로 돌아가게 하는 것이라.

처음부터 이 겨레가 원해서 된 일이 아닌 두 나라의 합병의 결과는 마침내 억압으로 이루어진 당장의 편안함과, 차별에서 오는 고르지 못함과, 거짓된 통계 숫자 때문에 이해가 서로 엇갈린 두 민족 사이에 화합할 수 없는 원한의 도랑이 날이 갈수록 깊이 패이는 지금까지의 사정을 한 번 살펴보라.

용감하게 옛 잘못을 고쳐 잡고 참된 이해와 동정에 바탕한 우호적인 새 시대를 마련하는 것이 서로 화를 멀리하고 복을 불러들이는 가까운 길인 것을 알아야 할 것이 아니냐!

또한 울분과 원한이 쌓이고 쌓인 이천만 국민을 힘으로 붙잡아 묶어 둔다는 것은 다만 동양의 영원한 평화를 보장하는 노릇이 아닐 뿐 아니라, 이것이 동양의 평안함과 위태함을 좌우하는 사억 중국 사람들의 일본에 대한 두려움과 새암을 갈수록 짙어지게 하여 그 결과로 동양 전체가 함께 쓰러져 망하는 비운을 초래할 것이 뻔한 터에, 오늘 우리의 조선 독립은 조선 사람으로 히여금 잘못된 길에서 벗어나 동양을 버티고 나아갈 이로서의 무거운 책임을 다하게 하는 것이며, 또 동양의 평화가 중요한 일부가 되는 세계평화와 인류복지에 꼭 있어야 할 단계가 되게 하는 것이라. 이것이 어찌 감정상의 문제이겠느냐!

아아, 새 하늘과 새 땅이 눈앞에 펼쳐지누나!

힘의 시대는 가고 도의의 시대가 오누나!

지나간 세계를 통하여 깎고 다듬어 키워 온 인도적 정신이 바야흐로 새 문명의 서광을 인류의 역사 위에 던지기 시작하누나!

새 봄이 온 누리에 찾아 들어 만물의 소생을 재촉하누나! 얼음과 찬 눈 때문에 숨도 제대로 쉬지 못한 것이 저 한 때의 시세였다면, 온화한 바람, 따뜻한 햇볕에 서로 통하는 낌새가 다시 움직이는 것은 이 한 때의 시세이니 하늘과 땅에 새 기운이 돌아오는 마당에 세계의 변하는 물결을 타는 우리는 아무 주저할 것도, 아무 거리낄 것도 없도다.

우리가 본디 타고난 자유권을 지켜 풍성한 삶의 즐거움을 마음껏 누릴 것이며, 우리가 넉넉히 지닌바 독창적 능력을 발휘하여 봄기운이 가득한 온 누리에 겨레의 뛰어남을 꽃피우리라. 우리는 그래서 분발하는 바이다.

양심이 우리와 함께 있고, 진리가 우리와 더불어 전진하나니 남자, 여자, 어른, 아이 할 것 없이 음침한 옛 집에서 힘차게 뛰쳐나와 삼라만상과 더불어 즐거운 부활을 이룩하게 되누나.

천만세 조상들의 넋이 우리를 안으로 지키고,
전 세계의 움직임이 우리를 밖으로 보호하나니
일에 손을 대면 곧 성공을 이룩할 것이라.
다만 저 앞의 빛을 따라 전진할 따름이로다.

공약삼장

一. 오늘 우리들의 이 거사는 정의, 인도, 생존, 번영을 찾는 겨레의 요구이니 오직 자유의 정신을 발휘할 것이고 결코 배타적 감정으로 치닫지 말라.

一. 마지막 한 사람에 이르기까지, 마지막 한 순간에 다다를 때까지 민족의 올바른 의사를 시원스럽게 발표하라.

一. 모든 행동은 먼저 질서를 존중하여 우리들의 주장과 태도가 어디까지나 공명정대하게 하라.

나라를 세운 지 사천이백오십이년 되는 해 삼월 초하루

손병희 길선주 이필주 백용성 김완규 김병조
김창준 권동진 권병덕 나용환 나인협 양전백
양한묵 유여대 이갑성 이명룡 이승훈 이종훈
이종일 임예환 박준승 박희도 박동완 신흥식
신석구 오세창 오화영 정춘수 최성모 최 린
한용운 홍병기 홍기조 33인(人)

여기 독립선언서를 살펴보면, 일제의 무자비한 통치에 반항하거나 원망하는 내용은 전혀 없고, 다만 우리 민족이 자립 자존해야 한다는 대의에서 출발했다고 밝히고 있습니다. 또 신분과 성별을 초월한 자유평등의 정신, 세계평화와 인류복지를 추구하는 우리나라의 고매한 민족정신이 잘 드러나 있습니다.

"유구한 역사와 전통에 빛나는 우리 대한민국은 기미년 삼일운동으로 대한민국을 건립하여 세계에 선포한 위대한 독립정신을 계승하여 이제 민주 독립국가를 재건함에 있어서"로 시작하는 1948년 제헌헌법의 전문은 대한민국의 뿌리가 어디에 있는지를 웅변해 주고 있습니다. 3·1정신은 우리 민족사에 길이 계승되어야 할 대한민국의 자랑스러운 건국 정신입니다.

이 독립선언문의 인쇄는 천도교가 경영하던 보성사 인쇄소에서 맡아, 2월 27일 밤 6시 이후 굳게 문을 걸어 잠그고 밤새도록 2만 2천 장을 찍었습니다. 그 인쇄물은 보자기 또는 가마니에 싸여, 또는 학생의 책가방이나 행상의 상자 속에 실려 서울 시내를 비롯하여 지방으로 흩어졌습니다. 이갑성은 선언문 400장을 보따리에 싸들고 경상도로 떠났고, 개성 북부예배당 강조원 목사에게는 모월 모일 몇 시 차로 내리는 7-8세 가량의 어린아이 괴나리봇짐 속에 독립선언서 몇 장이 들어 있다는 편지를 띄웠습니다.[57]

(4) 전국적으로 확산된 3·1독립운동의 불길

1919년 3월 1일 토요일, 아직 겨울 추위가 가시지 않은 싸늘한 날씨였습니다. 파고다 공원과 태화관에서 독립선언서가 낭독되고 서울 주변 산봉우리마다 횃불이 올라가고, 독립만세운동의 심지에 불

---
57) 이종률, 「3·1운동과 민족의 함성」 (인문당, 1984), 220-221.

이 붙여졌습니다. 많은 한을 안고 떠나가는 조선의 큰 아버지 고종 황제의 장례식을 보기 위해 거리로 나선 주민들, 그리고 민족적 일체감으로 뜻을 합하여 지방에서 상경한 많은 군중들과 수천의 학생들도 이에 합세하였습니다. 남녀노소를 가리지 않고 서울로 모인 수십만이 어느새 일체를 이루어 한 목소리로 열광적인 만세를 연달아 외쳤으며, 시간이 흐를수록 행진하는 시위 군중들의 수가 늘어나 그 기세는 맹렬했습니다. 이에 일본 관헌들도 처음에는 멍청하게 수수방관할 뿐이었습니다. 숨도 한 번 크게 쉬어 보지 못하고 감히 입 밖으로 내지 못했던 '대한독립'을 감격에 겨워 누구의 눈치를 볼 것도 없이 마음껏 목이 터져라 연거푸 외쳤습니다.

같은 3월 1일, 의주, 선천, 평양, 진남포, 안주, 원산, 함흥 등지에서도 대한독립만세의 함성이 온 천지에 메아리쳤습니다. 서울에서만 첫날 40-50만 명이 참가했고 고종의 장례식인 3월 3일만 잠깐 조용했다가 그 후로 끈질기게 지속되었습니다.

이렇게 3·1운동의 함성은 전국 곳곳으로 울려 퍼져 동네 청년의 사랑방에서, 또 시골 아낙네의 골방에서도 수많은 태극기가 그려지고 수많은 독립선언문이 쓰였습니다. 북부 지방에서는 3월 초순부터 일어났고, 서울을 제외한 중부와 남부 지방에서는 3월 중순부터 5월 말까지 독립운동의 불길이 이어졌습니다. 심지어 만주, 연해주, 미국 등 해외에까지 확산되었습니다.

처음에는 경의선·경원선·경부선 등 철도변에 위치한 주요 지방으로 전파되었는데, 나중에는 산골과 섬마을까지 급속도로 파급되었습니다. 그렇게 3·1운동은 전국 211개 군에서 1,542차례나 일어났습니다. 거기에는 남녀노소, 유생, 교사, 학생, 종교인, 상인, 농민, 노동자 등 각계각층 200여만 명의 백성이 지역과 종교, 신분을 초월하여 참여하였습니다. "최후의 일인까지 최후의 일각까지 민족의 정당한 의사를 쾌히 발표하라."라고 한 독립선언서의 공약삼장을 지표로 한국 민족이 살고 있는 곳이면 국내든 해외든 거족적이고 전국적으로 3·1운동이 전개되었습니다.

실로 일본에 빼앗긴 나라를 되찾고자 하는 간절한 열망으로, 삼천리 방방곡곡에서 온 국민이 하나 되어 부르짖은 대한독립만세는 세계의 지축을 흔들 정도로 엄청났습니다. 저마다 흰 저고리를 입고 오른손에 태극기를 들고 거리로 뛰어나와 끓는 피와 함께 토해내는 거센 만세 소리, "대한독립만세!"[58]를 외칠 때 손에는 단 하나의 무기도 없었고, 든 것이라고는 오직 태극기뿐이었습니다. 아무런 난동 없이 대한독립만세를 외치는 애끓는 가슴만이 있을 따름이었습니다.

(5) 어린이, 기생, 거지까지 만세 대열에 동참

만세 대열에 학생, 농민, 노동자 등 신분 고하를 막론하고 참여했는데, 고위계층보다는 사회적으로 무시당하고 천대받는 힘없는 백성들이 많았습니다. 저들은 오직 조국을 부둥켜안고, 잃어버린 나라를 되찾으려는 일념으로 함께 어우러져 너 나 할 것 없이 거리로 나섰던 것입니다.

홍원, 시흥, 강진에서는 보통학교 어린이들이 앞장서서 어른들의 잠을 깨웠습니다. 진주에서는 걸인 독립대까지 일어났습니다. "우리가 거지가 된 것은 왜놈들이 우리 살 길을 빼앗은 탓이다. 우리나

---

[58] 만세는 한자로 '일만 만(萬), 해 세(歲)'이며, '만년(萬年), 영원한 삶, 길이 번영함.'이라는 뜻이다. 대한독립만세는 '대한민국이여, 세세무궁토록 영원하라!'라는 국민적 뜻을 담은 외침이다.

라가 독립이 안 되면 이천만 동포가 모두 거지가 될 것이다."라고 당당한 논리를 펴며 시위를 벌였습니다. 심지어 해주, 안성, 창원에서는 기녀(妓女)들까지 북채를 던지고 유흥에 나서기를 거부하며 총출동하였습니다.[59]

1919년 3월 29일, 수원 종로거리에서는 김향화가 이끈 30여 명의 기생이 독립만세를 외치며 거리를 행진하였습니다. 4월 1일 아우내 장터 시위를 주동한 유관순이 모진 수형생활을 하던 서대문형무소 8호 감방에는 그보다 3일 앞선 3월 29일 수원에서 일어난 기생 30여 명의 시위를 이끈 김향화도 함께 갇혀 있었습니다.

수백만이 참가한 3·1독립운동은 힘없는 조선의 백성을 역사의 주체로 우뚝 서게 한 획기적 이정표가 되었으며, 근대민족운동의 신기원이라고 해도 과언이 아닐 것입니다. 참으로 3·1독립운동은 세계 어느 민족의 독립운동사에서도 그 유례를 찾아보기 어려운 가장 의롭고, 용감하고, 장렬한 운동이었습니다. 3·1정신이 우리 겨레 속에 살아 있는 한, 우리는 어떤 역경도 능히 극복하고 영광스러운 민족의 미래를 개척해 나아갈 수 있을 것입니다.

(6) 천안 아우내 장터 유관순 열사의 독립운동과 그 희생

애 어른 할 것 없이 삼천리금수강산 온 땅을 붉은 선혈로 물들인 3·1독립운동, 만세의 함성이 휩쓸고 지나간 자리에는 마디마디 아픈 상처가 맺혔습니다. 맨주먹을 가지고는 총칼 가진 일본과 상대가 되지 않았으므로, 일제는 총과 대창, 창검으로 만세 부르는 사람들

---

[59] 「3·1운동과 민족의 함성」, 38-39.

을 닥치는 대로 찔러 죽이고 마구 총질을 하였습니다.

만세운동은 개성에서 북으로 올라가 선천에서는 서울과 같은 시간에 학생들이 앞장서서 교회 종소리를 신호 삼아 만세 시위를 시작하였는데, 기수였던 신성학교 교사 강신혁이 일제의 총을 맞고 쓰러져 3·1독립운동의 장렬한 첫 희생자가 되었습니다. 심지어 태극기를 흔들다 양팔을 잘린 이도 있었습니다.[60]

"정주와 청원에서는 처절한 싸움도 있었는데 수천 명의 군중을 이끌던 최석월과 변갑섭은 일병(日兵)이 내리치는 칼에 태극기를 든 오른팔이 떨어져 나가자 엎드려 왼팔로 태극기를 주워 들고 돌진해 나갔다. 격앙된 일병들은 왼팔마저 잘라 버렸으나 그들은 끝내 독립만세를 부르짖으며 나가다 다시 무자비하게 내리치는 저들의 칼끝에 비통한 최후를 마쳤다."

유관순(柳寬順, 1902-1920) 열사는 3·1독립운동에서 빼 놓을 수 없는 인물입니다. 3·1독립운동 하면 막연하게나마 '유관순 누나'를 떠올리게 됩니다. 유관순은 지금부터 92년 전 너무도 냉혹한 시대에 대한

이화학당 시절 **유관순 열사**
뒷줄 우측 끝

민국의 자유와 독립을 위해 일제에 끝까지 저항하다가 옥중에서 순국한 열사입니다.

3·1독립운동 당시 유 열사는 18세로, 이화학당의 보통과를 졸업하고 고등보통학교 1학년 학생 신분이었습니다. 그녀는 교비생(장학생)으로 추천될 만큼 똑똑했습니다.

---

60) 「3·1운동과 민족의 함성」, 39.

유관순 열사는 김복순, 국현숙, 서명학, 김희자 등과 함께 나라를 위해 목숨을 바칠 각오를 하고, '결사대'를 조직하여 3월 1일 독립만세운동에 참여했습니다. 이화학당 학생들은 강력하게 만류하는 프라이 교장선생님을 뿌리치고 학교 담을 넘어 탑골공원까지 나가 시위 군중에 끼어들어 목이 터져라 대한독립만세를 외쳤습니다.

그리고 유관순과 5인 결사대는, 3월 5일 남대문역 앞에서 벌어진 수만의 학생단 시위에도 학교 담을 넘어 참여했습니다. 이날 유관순을 비롯한 학생들은 경무총감부로 붙잡혀 갔다가 외국인 선교사들의 강력한 요구로 겨우 풀려나 위기를 벗어나기도 했습니다.

3월 10일 임시휴교령이 내려 3월 13일 서울에서 기차를 타고 고향 천안으로 내려왔습니다. 유관순 열사는 3월 16일 주일 밤 예배를 마친 후 아버지 유중권(1863-1919년), 어머니 이소제(1875-1919년), 숙부 유중무, 동네 어른 조인원(조병옥 부친) 등과 함께 "우리 고장이 죽은 듯이 가만히 있을 수는 없습니다."라고 하며, 아우내(병천) 장날을 기해 만세 시위를 계획했습니다. 이 후 각 부락을 다니면서 시위운동 참여를 권하였습니다.

1919년 4월 1일(음력 3월 1일) 9시쯤, 아우내 장터에는 3,000여 명이 넘는 장꾼을 가장한 군중들이 모여 북새통을 이루고 있었습니다. 아우내 장터는 겉으로는 손님을 부르며 물건값을 흥정하는 등 북적거리는 듯하였으나 서로 눈빛을 마주치고 고개를 끄덕이면서 태극기를 몰래 주고받으며 옷 속에 얼른 감추는 등 얼마간의 긴장이 지속되었습니다.

오후 1시 조인원이 긴 대나무 장대에 매단 큰 태극기를 장터 중앙에 세우고, 독립선언서를 낭독했습니다. 낭독을 마친 조인원이 먼저 두 손을 높이 들며 대한독립만세를 부르자 이에 군중들도 함께 만세 소리를 외치며 행진할 때 천지가 진동하는 듯했습니다. 유중권, 김구응, 김상헌, 김구헌, 김교선, 조병호 등이 조인원을 뒤따랐으며 곧 그 뒤에 유관순과 어머니 이씨, 각 고을에서 모여든 군중들이 태극기의 물결을 이루며 대열을 지어 나아갔습니다. 조인원은 선두에서 용감하게 만세 시위를 이끌었습니다.

이때 유관순도 장대에 매단 큰 태극기를 들고 시위대열에 앞장섰습니다. 재빠르게 달려온 일본 헌병들은 선두에 선 유관순의 큰 태극기 깃대를 쳐서 부러뜨리고 옆구리를 찔렀습니다. 총검에 찔려 피를 흘리는 유관순의 머리채를 잡아 질질 끌고 가면서 발로 차고 때렸습니다. 아버지 유중권은 잔혹한 일본군이 자기 딸을 발로 차고 때리는 모습을 보고 뒤따라가면서 거듭 '만세'를 절규하듯 외쳤는데, 바로 그때 잔학무도한 헌병 하나가 유중권의 옆구리를 총검으로 찌르고 이어 머리를 찔러 그 자리에서 숨지고 말았습니다. 일본 헌병들은 평화로이 시위하는 군중을 닥치는 대로 찌르고 총을 쏘았습니다. 유관순의 어머니 이소제도 남편의 죽음을 보고 더욱 분기가 일어나 시위운동에 나섰다가 피살되었습니다.

이날 무자비한 일본 헌병이 휘두른 총검에 유관순의 부모를 비롯한 19명이 장렬하게 죽었고, 주민 30여 명이 부상을 입었습니다. 부모님이 일제의 총칼에 무참히 돌아가시는 것을 보고 정신이 아득했던 유관순은, 주동자 체포에 혈안이 된 일본 수색조에 의해 중상을 입은 채로 체포되었습니다.

같은 날 공주에서는 영명학교에 다니던 오빠 유우석이 공주에서 영명학교 교사와 학생, 감리교 목사들과 함께 만세운동을 주도하다가 일경의 칼에 부상을 입고 체포되었습니다.

일본군의 총검에 의해 한날한시에 참혹하게 죽어 간 부모의 죽음

옥중 시절의 **유관순 열사**

을 애도할 겨를도 없이, 어린 유관순 열사는 독사보다 더 지독한 일제 헌병에게 붙잡혀 5월 9일 공주지방법원에서 5년형을 받았습니다. 이에 항소하여 공주감옥에서 서대문 감옥으로 이감된 후 6월 30일 경성 복심법원 재판에서 다시 3년형을 받았으며, 이후 유관순은 고등법원에 상고를 하지 않아 1919년 7월 4일, 징역 3년이 확정되었습니다. 조인원과 숙부 유중무는 같이 상고하자고 권유하고 설득하고 타일렀으나, 유관순은 고개를 저으며 이렇게 말하였습니다. "삼천리강산이 어디면 감옥이 아니겠습니까?"

그녀는 서대문 감옥소에서도 수시로 대한독립만세를 외치다가 끌려 나가 발길로 차이고 모진 매를 많이 맞았습니다.

특히 3·1독립운동 1주년인 1920년 3월 1일 오후 2시에 옥중 만세시위를 주도하였습니다. 만세소리는 감방마다 연쇄폭발을 하듯 터져 나왔고, 이때 3천 명이 넘는 수감자들이 호응하여 변기 뚜껑으로 철판 벽을 두드리고 발길로 문짝을 차는 등 요란했을 뿐 아니라 모화간, 냉천동, 애오개, 서소문 등 감옥 바깥에도 시위가 퍼져나갔습니다.

간수는 감옥소에서의 만세시위가 처음이 아니었던 유관순을 소동의 주모자로 지목하였고, 1평도 안 되는 지하 감방에 그녀를 가두고는 온갖 매질과 고문을 가했습니다. 그러나 유관순 열사는 끝끝내 자주독립 주장의 뜻을 굽히지 않았습니다. 당시 이화학당의 월터 학당장 서리가 서대문형무소 병사로 면회를 가서 보니, 유 열사는 고문 후유증으로 얼굴이 퉁퉁 붓고 병색이 완연했었다고 합니다. 감옥 안에서 함께 수형했던 어윤희 여사는 유관순 열사가 배고픔, 외로움, 동생들에 대한 걱정으로 흐느끼고 울부짖었으며, 고문과 상처의 후유증으로 고통을 받았다고 증언했습니다. 또 어윤희 여사는 유관순이 너무 매를 맞고 모진 고문을 당해서 죽었다고 하면서, "다리를 천정에 끌어올려 매고 비행기를 태우고... 물을 붓고..."라고 유관순이 당한 고문에 대해 증언했습니다.

유관순은 항상 허리를 감싸 안고 고통스러워했는데, 병천에서 붙잡힐 때 창에 찔린 것이 도무지 낫지 않아 계속 고름이 흘러나왔기 때문입니다. 거기다가 수시로 매를 맞고 고문을 당해 몸이 성할 날이 없었습니다. 오빠 유우석이 6개월 형을 받고 집행유예로 풀려나 유관순에게 마지막 면회를 갔을 때, 걸음도 제대로 걷지 못했으며 맞잡은 손의 자국이 그대로 눌린 채 다시 제 모습으로 돌아오지 않았으며, 손가락으로 눌러 만져 보니 살이 썩어서 손에 피가 묻어 나왔습니다. 병원에 입원을 시켜야 한다고 간수를 붙들고 애원했으나, 유관순은 감옥 내 소동을 선동하는 중죄인으로 낙인찍혀 거절당하고 말았습니다. 3년형을 받았던 유관순은 **특별사면령**(1920년 4월 28일, 영친왕과 일본 왕궁 손녀의 결혼)에 의해 절반만 살고 나오도록 되어 있어, 1919년 4월 1일부터 계산하면 1년 6개월 후인 1920년 9월 30일이면 형기가 만료되어 출감할 수 있었습니다. 그러나 심한 구타와 오랜 고문으로 방광이 터져 몸이 썩어 들어가는 등 고초를 당하다가 마침내 1920년 9월 28일 오전 8시 20분, 19세의 꽃다운 청춘 유관순 열사는 서대문 형무소에서 순국하고 말았습니다.

한편 가족들에게 유관순 열사의 사망 통지를 하였으나, 독립운동 시위로 온 집안이 풍비박산하여 소식이 없었고, 이어 가까운 친족을 수소문하는 데도 시일이 많이 흘러 시신은 보름 동안 방치되었습니다. 유관순의 부모도 죽고, 할아버지 유윤기는 큰아들 유중권 내외가 한날에 처참하게 죽은 충격에 두 달 보름 뒤에 숨졌으며, 숙부도 복역 중이었고, 어린 동생들(관석, 인석)은 공주 영명학교 교감 댁에서 보호받고 있었습니다.

10월 12일 들것에 실려 이화학당으로 들어왔을 때 유관순 열사의 시신은 이미 부패한 지 오래되어 시체 썩은 냄새가 진동하였습니다. 출옥을 눈앞에 두고 있던 열사가 참혹한 시신이 되어 돌아온 것입니다. 이화학당 친구들은 얼마 안 있으면 나올 줄로 알고 옷과 머리핀을 준비했는데, 시신을 보자 기겁을 한 나머지 그 자리에서 대성통곡을 하여 울음바다가 되고 말았습니다.

이화학당의 월터 학당장 서리가 시신을 인수받았으며, 공주 감옥에서 같은 감방에 있었던 김현경은 무명천을 떠서 밤을 새워 눈물로 얼룩진 수의를 지었습니다. 학교에서는 유관순을 진정한 영웅으로 평가하여 다시 비단 옷감으로 수의를 만들어 바꾸어 입혔습니다. 또 태극기를 만들어 그녀의 가슴 위에 덮고 입관하였습니다.

이틀 뒤인 10월 14일 정동교회에서 김종우 목사의 집례로 장례식이 거행되었습니다. 가족 외에 같은 반 학생 대표 몇 명만 장례식장에 참석하였는데 형사가 명단을 들고 일일이 대조하며 참석을 제한하였습니다. 유관순의 유해가 나갈 때는 월터 학당장 서리와 학생을 대표하여 김활란 선생이 뒤따랐으며, 덕수궁 돌담길을 지나 비석도 무덤 표지도 없이 서울 이태원 공동묘지에 안장되었습니다. 그러나 그 후 이곳이 군용기지가 되면서 파헤쳐져 열사의 시신은 사라졌습니다.

※ 위의 내용 중 일부는 독립기념관 연구원 이정은 저(著) 「유관순-불꽃 같은 삶, 영원한 빛」 (사단법인 류관순열사 기념사업회, 2005)을 참고하였음을 밝혀둡니다.

별지 1 전국적으로 일어난 3·1 독립운동(1919.3.1-4.30)

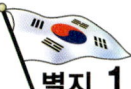

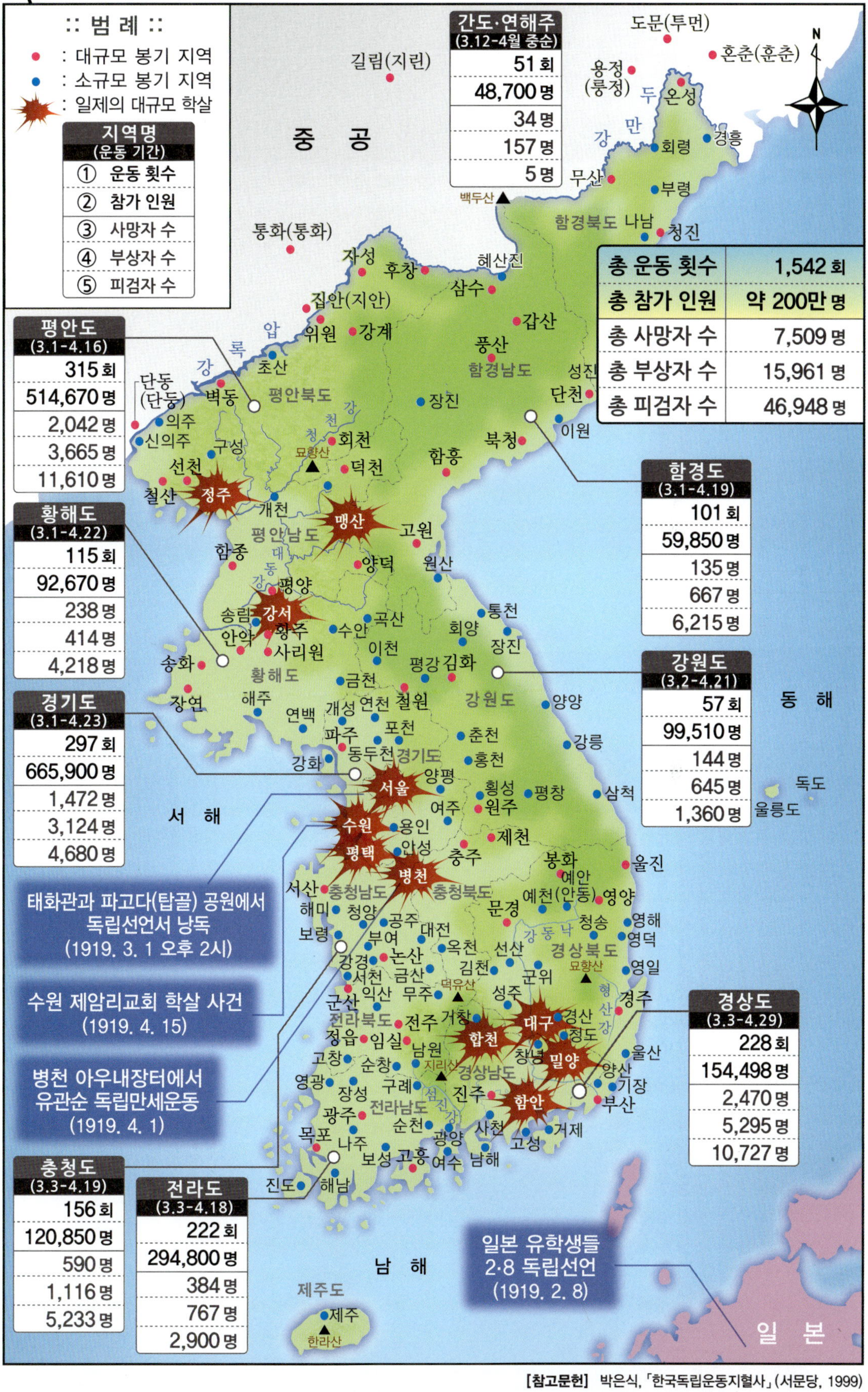

[참고문헌] 박은식, 「한국독립운동지혈사」(서문당, 1999)

유관순은 어려서부터 기독교로 개종한 집안에서 자라 학교 근처의 정동교회에 다니면서 신앙심을 키웠으며, 그의 깊은 신앙심은 일제의 모진 고문 속에서도 굴하지 않고 조국의 독립을 위해 순국할 수 있는 정신적 바탕이 되었습니다.

유관순 열사는 3·1독립운동이라는 거사를 이끌기에는 너무 어린 나이였고 게다가 연약한 여인이었습니다. 그러나 그의 가족 배경과 순수하고 올곧은 성품, 옥중에서도 일제 앞에 결코 굽히거나 타협 없이 꿋꿋하게 타올랐던 대한독립의 의지, 독실한 신앙, 그리고 일제로부터의 모진 학대를 견뎌 낸 투지 등을 되새겨 볼 때, 그녀의 남다른 애국충정은 결코 한순간의 우발적 행동이 아니었습니다. "최후의 일인까지, 최후의 일각까지"라는 독립선언서에 나타난 독립의 염원과 그 민족정신을 온몸으로 보여 준 진정한 애국자였습니다. 나라와 민족을 위해 어린 열사의 가슴에서 초지일관 식지 않았던 대한독립의 뜨거운 함성, 일제의 총칼도 꺾지 못했던 그 민족혼이, 오늘 우리 겨레의 가슴속에 영원한 불씨로 남아 활활 타오르기를 간절히 소원합니다.

유관순 열사 외에도 독립선언서에 서명한 민족대표 33인을 비롯하여 전국 각지에서 만세 시위를 주도하거나 참여했던 서민들은 수십만 명에 이릅니다. 나라를 지키기 위해 자신들의 목숨을 초개와 같이 내어 놓은 이들은 대한민국 백성이라면 결코 잊어서는 안 될 3·1독립운동의 주역들입니다. 우리들이 조국 대한민국의 품에서 현재 자유와 평화를 누리기까지 이러한 수없는 눈물과 피의 희생이 그 터전이 되었다는 사실 또한 결코 잊어서는 안 될 것입니다.

(7) 3·1독립운동 이후 일제의 비열하고 무자비한 학대

서울에서 발발한 3·1운동은 삽시간에 삼천리 방방곡곡으로 번져 나가 전국적인 독립운동으로 발전하였습니다. 헌병경찰에 의한 혹독한 고문과 무차별 폭행이 계속되고, 일제가 우리말과 우리 역사를 빼앗고 일본말과 일본 역사를 배우게 하자, 그들의 가혹한 무단정치와 나라 잃은 설움에 치를 떨었던 전 국민이 자발적으로 참여, 오직 독립의 열망으로 하나가 되었습니다.

당시 일제는 식민 탄압을 위해 대규모의 무력을 동원하여 거미줄 같이 배치하고 한국인의 동태를 낱낱이 감시하고 있었습니다. 3·1운동 직전 일제의 한국인에 대한 직접적 탄압에 동원된 무력은, 조선 주둔 일본 정규군 23,000명, 일제 헌병경찰 13,380명(헌병대 7,978명, 경찰 5,412명), 조선총독부 관리 21,312명 등 합계 57,692명에 달했습니다. 일제는 여기에 3·1운동 탄압을 위해 보병 6개 대대와 헌병 415명을 증파하였습니다.

아무런 무기도 없이 맨손으로 평화적 독립만세를 외치는 군중에게 일제는 총칼로 무차별 대량학살을 자행하였습니다. 3·1운동은 1,542회에 걸쳐 전국 218개 군 가운데 211개 군에서 약 200만 명 이상이 만세운동에 참여하였습니다. 일제의 잔인한 학살로 7,509명이 살해되고, 15,961명이 부상을 당하고, 46,948명이 투옥되었으며, 교회당 47개소, 학교 2개교, 민가는 715채가 불에 타 없어졌습니다.

일제는 독립선언서를 기초한 최남선을 비롯한 송진우, 현상윤 등 배후 인물과 수많은 사람들을 내란죄의 명목으로 검거하였고, 검거된 자들은 하나같이 뼈를 깎는 고문을 겪어야 했습니다. 특히 송진우는 일경에게 붙잡혀 옷이 갈기갈기 찢긴 채로 어두컴컴한 지하실에 갇혔는데, 이때 일제가 풀어놓은 사나운 개가 사지와 몸뚱이를 물고 할퀴어 피투성이가 되었습니다. 또 만세운동에 참가만 해도 시위자들을 눕혀 놓고 작두로 목을 자르거나, 살이 찢겨지다 못해 뼈가 하얗게 노출되는 참혹한 몰골이 될 정도로, 쇠로 만든 채찍으로 사정없이 내리치곤 했습니다.

일본측 기록을 보아도 3월 1일부터 10월 30일까지 8개월 동안 재판을 받은 피고가 17,990명에 이르고, 그 중 5,156명이 징역형을 선고받았습니다. 대부분 감옥에서 인간 이하의 대우를 받아, 두 평도 못 되는 좁은 방 안에 20-30명씩 수용되어 앉지도 못하고 서지도 못한 채 육체적 고통을 당했습니다. 강영준 등 젊은 여학생 31명은 완전히 발가벗겨진 채 무수한 난타를 당했습니다. 일경은 심지어 쇠꼬챙이로 유방을 지지는가 하면 체모(體毛)에 고약을 녹여 붙였다가 그것이 굳은 다음 급히 잡아떼는 등 만행을 서슴지 않았습니다. 이를 갈지 않고는 도저히 회상할 수 없는 생생한 실화입니다.[61]

이렇게 일단 일제에 검거되기만 하면 야만적이고도 극악한 고문을 견뎌야 했습니다. 빨갛게 단 철봉으로 손가락을 지지고, 벌거벗기고 채찍질하거나, 집게로 생손톱을 잡아 뽑고 혹은 콧구멍에 뜨거운 물이나 고춧가루를 쏟아 붓고, 손톱 밑에 대못질을 하고, 수없이 태형을 가해 끝내 목숨이 끊어진 사람도 적지 않았습니다. 심지어 성기에 종이 심지를 꽂아 놓고 불을 당겨 불구자로 만드는 등 잔악한 고문을 예사로 자행하였습니다. 다행히 목숨을 건진다 하더라도 충분한 치료와 조섭(調攝)[62]을 하지 않으면 폐인이 되고 마는 고문이었습니다.

이처럼 일제의 만행이 무자비하고 극악무도했지만, 우리 민족의 독립의지를 꺾지는 못했습니다. 투옥된 지 8개월 만에 일본 재판장이 판결에 앞서 피고들에게 "앞으로도 조선독립운동을 계속할 것인

---

61) 「3·1운동과 민족의 함성」, 108.
62) 건강이 회복되도록 몸을 보살피고 병을 다스림

가?"라고 물었을 때, 민족 대표 33인 중 한 사람이었던 한용운은 의연하고 당당하게 "그렇다! 언제든지 이 마음을 고치지 않을 것이다. 만일 몸이 없어진다면 그 정신만이라도 영세토록 가지고 있을 것이다."라고 답하여 일제 앞에서 우리 민족의 독립의지를 천명하였습니다. 한용운은 일제가 참회서나 굴복서를 쓰라고 할 때도 끝까지 거부하였으며, 옥중 선언을 통해 "우리의 독립은 산상(山上)을 떠난 둥근 돌과 같아 목적지에 이르지 아니하면 그 세(勢)가 그치지 않을 것이니 조선 독립은 시간문제일 뿐이다."라고 굳은 자신감을 밝혔습니다. 이에 일본 검사도 감탄하여 더 이상 말을 못했다고 합니다.[63]

(8) 3·1독립운동의 영향

3·1독립운동은 일제의 식민통치를 부정하고, 비폭력으로 절대 독립을 요구한 온 겨레의 하나 된 함성이었습니다. 실로 조선이 독립국임과 조선인이 자주민임을 대내외에 선포한 것입니다. 이를 통해 일제는 살아 있는 우리 민족혼의 저력을 확인하고 간담이 서늘하였을 것이고, 우리 민족은 그 정신을 집약하여 민족 독립에 대한 새로운 가능성과 소망을 가지게 되었습니다.

① 대한민국 임시정부 수립

3·1독립운동의 첫 열매는 대한민국 임시정부의 수립이었습니다. 임시정부가 수립된 것은 우선 독립을 선언한 이상 주권국가로서 독립된 정부를 세우는 것이 당연한 일이고, 독립운동을 끝까지 조직적으로 이끌어 나갈 핵심 주체가 필요하기 때문이었습니다.

---

63) 「3·1운동과 민족의 함성」, 52-53, 105, 118, 136.

3·1독립운동 직후 러시아, 상해, 서울 등 여러 지역에 임시 정부가 세워졌는데,[64] 1919년 9월 상해 임시정부를 중심으로 통합되어, 임시대통령 이승만[65]과 국무총리 이동휘를 중심으로 정부를 구성하여 대한민국 임시정부가 출범하게 되었습니다.

---

64) 일제의 강점하에서 정보교환의 어려움으로 각지의 독립운동가들이 나름대로 정부수립을 추진하여 약 8개의 임시정부가 세워졌는데, 그 중에서 실체를 확인할 수 있는 가장 영향력 있는 것은 한성정부, 대한국민의회, 상해 임시정부였다. 한성정부는 1919년 4월 23일 서울에서 국내에 있는 독립운동가들에 의해 이승만을 집정관 총재로 하여 수립되었다. 대한국민의회 노령(露領)임시정부는 러시아의 한인들이 블라디보스톡에서 결성한 전로한족중앙회를 계승하여 1919년 3월 21일 발족한 한인 최대의 정치조직이었다. 상해 임시정부는 1919년 4월 11일 중국 상해에서 수립되었는데, 인적·물적 구성은 상해 임시정부를 중심으로 하고, 한성 임시정부의 법통을 계승하면서 대한국민의회를 통합하여 **1919년 9월 11일 대한민국 단일 임시정부로 출범하였다**[이연복, 「대한민국 임시정부 30년사」(국학자료원, 1999), 15-26].

65) 이승만(李承晚, 1875-1965)은 황해도 평산에서 가난한 선비 이경선과 김해김씨 사이에서 태어난 3남 2녀 중 막내로 출생하였다. 서당에서 공부하다 20세에 배재학당에 입학하여 영어와 신학문을 익혔다.
- 우리나라 최초의 학생단체 '협성회'를 조직하고 '매일신문', '제국신문' 창간에 참여하였으며, 독립협회 산하의 만민공동회를 통해 계몽·구국운동을 전개하였다.
- 1899년 반정부 혐의로 체포되었는데, 탈옥에 실패하여 종신형을 언도받고 수감생활 중 기독교인이 되었다. 1904년 러일전쟁 발발 후 특사로 석방되어 미국으로 건너가 외교활동을 통해 독립운동을 펼치면서, 조지워싱턴대학, 하버드대학에서 석사·박사과정을 이수하고 프린스턴 대학에서 철학박사학위를 받았다.
- 1910년 한일강제병합 후 귀국하여 교육과 전도활동에 힘쓰다가 105인 사건에 연루되었는데, 미국 선교사의 도움으로 위기를 모면하고 미국으로 건너가 독립운동을 계속하여 하와이에서 한인기독학원, 한인기독교회, 대한동지회를 조직하였다.
- 1919년 3·1독립운동 후 수립된 대한민국 임시정부에서 대통령에 선출되어 외교활동과 독립자금 모금에 전념하였으나 반대세력과의 갈등으로 1925년 대통령에서 면직되었다. 이 후 주로 미주에서 독립운동을 계속하였으며, 1934년 오스트리아 태생의 프란체스카와 결혼하였다.
- 1945년 해방 후 귀국하여 독립촉성중앙위원회 총재, 대한국민대표민주의원 의장

대한민국 임시정부는 1945년 8월 15일 해방 때까지 상해를 비롯한 중국 각지에서 외교활동과 독립전쟁을 통해 독립을 쟁취하기 위해 힘썼습니다.

② 세계 여러 나라의 자주·독립운동에 큰 영향

우리나라의 3·1독립운동은 언론을 통해 세계적으로 보도되었고, 약소민족 국가의 독립운동에 큰 영향을 주었습니다.

첫째, 1919년 중국에서 북경대학생들이 중심이 되어 일으킨 5·4운동[66]에 결정적 영향을 끼쳤습니다. 이 운동을 주도한 청년들은 5·4운동 선언문을 통해 '독립이 아니면 죽음을 달라!'라고 한 대한민국을 본받자는 구호를 외쳤습니다. 상해에서는 중국인 학교 교장들이 한인들의 5·4운동 지원에 감사하다며, 한인청년독립단 간부들을 초청하여 다화회(茶話會)를 열기도 하였습니다.

둘째, 1919년 4월 인도에서 마하트마 간디를 중심으로 일으킨 비폭력·무저항의 사티야그라하(인도어로 '진리 수호'라는 뜻) 운동에 영향을 끼쳤습니다. 이는 영국에 대한 독립운동이었는데, 이들의 독립운동 정신은 3·1독립운동처럼 비폭력운동이었습니다.

셋째, 1919년 6월 미국 식민지였던 필리핀의 마닐라 대학생들과 영국 식민지였던 이집트의 카이로 대학생들의 독립운동에 직·간접적으로 영향을 미치게 되었습니다.

등을 역임하면서 신탁통치를 반대하고 공산주의와의 타협을 거부하였으며 총선거를 통한 건국을 추진하였다. 1948년 남한의 단독 총선거로 대한민국 정부수립과 함께 초대 대통령이 되었다.

[66] 제 1차 대전 후 승전국이 된 일본이 남만주와 몽골의 영토를 차지하고 패전국 독일이 갖고 있던 중국 땅의 이권을 이어받는다는 내용의 '21개조 요구'에 반대하여 일어난 반제국주의·반봉건주의 운동

③ 만주·연해주에서의 독립군 무장투쟁

3·1독립운동 직후 평화적 시위보다는 무력(武力)에 의한 조직적인 독립운동의 필요성이 더욱 부각되어, 1940년에 이르기까지 약 20년 동안 만주·연해주 지역에서는 독립군의 무장투쟁이 치열하게 전개되었습니다. 그 가운데 대표적인 것이 1920년의 **봉오동 전투**와 **청산리 전투**입니다.

1919년 3·1독립운동 후에 만주·연해주 지역에서 재정비, 또는 새로 편성된 독립군은 주로 압록강과 두만강 일대를 중심으로 항일전을 전개해 나갔습니다. 1920년에 들어서면서부터 이들 독립군은 간도의 일본인들에게 큰 위협 세력이 될 정도였습니다. 간도 지역의 각 독립군 부대들은 그 소속 단체별로 거점을 확보하여 세력을 길러 나갔는데 북간도 각지에 지회를 둔 **대한국민회**, 만주 일대의 대종교도들과 의병들을 규합하여 발전한 **북로군정서**, 연길현 명월구에 본영을 둔 홍범도의 **대한독립군**, 왕청헌 봉의동에 본영을 둔 최진동의 **군무도독부**, 서간도 한족회가 조직한 군정부를 개편한 **서로군정서**, 구한말 의병장들이 주동이 된 **대한독립단**, 상해 임시정부의 명령에 의해 조직된 **광복군총영**(대한광복군 사령부) 등이 대표적입니다.[67]

봉오동 전투(1920년 6월 7일)

홍범도가 지휘하는 대한독립군과 최진동이 이끄는 군무도독부 등이 연합한 대한북로독군부(大韓北路督軍府)는, 1920년 6월 4일과 6일, 두만강을 넘어 간도 지역으로 진입한 일본군 아라미(新美) 중위의 남양수비대를 삼둔자 지역에서 격파하고 봉오동 지역으로 이동하였습니다. 이에 삼둔자에서의 패배를 설욕하고 독립군을 토벌

---

67) 윤병석, 「3·1운동사」 (국학자료원, 2004), 111-118.

하겠다고 나선 야스가와(安川) 소좌의 일본군 19사단과 격전을 벌이게 되었습니다.

독립군은 봉오동 주민을 모두 대피시킨 후, 험준한 사방 고지에 매복하고 일본군을 유인하여 기습공격으로 대승을 거두었는데, 일본군 157명이 죽고 수백 명이 부상을 당하였습니다.[68] 그 후 독립군은 재빨리 대한국민회의 활동 거점인 의란구 지역으로 이동하여 부대를 정비하였습니다. 일본군은 독립군에 의해 기습을 받아 손실만 입었을 뿐, 독립군 토벌의 목적을 달성하지 못하고, 부녀자와 노약자 등 20여 명 한인을 살상한 채, 두만강을 건너 철수하였습니다.[69]

청산리 전투(1920년 10월 21-26일)

봉오동에서 대한독립군 부대에 크게 패한 일본군은 대대적인 소탕작전을 전개하였습니다. 이에 독립군 부대들은 일본군을 피하기 위해 전 병력을 삼도구-안도(安圖) 통로인 청산리[70] 계곡으로 급히 이동시켰습니다.

10월 6일부터 이미 간도 지역에 병력을 투입하기 시작한 일본군 아즈마(東) 지대(支隊)는, 10-11일 사이에 지대 병력의 대부분을 용정촌에 집결시켰습니다. 지대장보다 먼저 용정촌에 도착한 제 73연대장 야마다(山田) 대좌가 보병과 기병 일부 병력을 이끌고 용정촌에서 두 도구로 이동하여, 13일 새벽에 이도구-삼도구 일대에 정찰을 실시하였으며, 15일에 지대장 아즈마 소장이 용정촌에 도착함으로

---

68) 윤병석, 「간도역사의 연구」 (국학자료원, 2006), 19-22.
69) 「독립군항쟁사」(국방부전사편찬위원회, 1985), 65.
70) 청산리(青山里)는 동서로 약 25km에 달하는 긴 계곡으로, 좌우는 울창한 삼림지대여서 계곡의 좁은 소로를 따라 이동할 수밖에 없다. 이 계곡에는 송하평, 청산리, 백운평 등 한인 집단 부락이 몇 군데 산재되어 있었는데, 한인들이 그곳에 정착하면서 첩첩산중이라는 뜻으로 '청산리'라는 이름을 붙였다.

써, 지대 병력의 집결이 완료되었습니다.[71]

17일 밤, 독립군 부대가 청산리 계곡에 아직도 잔류하고 있다는 정보를 입수하자, 용정촌의 지대 사령부에서 그들을 섬멸할 것을 명령했습니다.

이에 독립군은 '일본군과의 접전을 회피한다.'라는 묘령 회의 결정에 따라 분산된 활동을 하기 위하여, 홍범도 부대는 득미동 부근으로 이동하고, 김좌진 부대만이 청산리 계곡에 남게 되었습니다. 김좌진 부대는 일본군과 일전을 벌이기로 결정하고, 유리한 지형지물을 이용하여 전투 준비에 돌입하였습니다. 우선 일본군을 유인하기 위해 '독립군은 무기도 제대로 갖추지 못한 채 사기가 떨어져 허둥지둥 도망갔다.'라는 허위 정보를 퍼뜨린 후 백운평 골짜기에 매복하였습니다. 이범석이 지휘하는 제 2제대원 600여 명이 계곡 좌우에 철저히 위장하고 있었습니다.

일본군은 이를 알아채고 10월 21일 오전 8시경부터 첫 공격에 나섰지만, 오전 9시 독립군의 기습공격이 시작되었고 야스가와 소좌의 전위부대 200여 명은 교전 시작 20분 만에 전멸하였습니다. 곧이어 도착한 일본군 야마다(山田) 토벌 연대본부는 산포와 기관총으로 중무장하고 독립군을 공격하였지만 완전히 엄폐되어 있는 독립군 반격에 900여 명의 사상자를 내며 거의 전멸하고 말았습니다.

전투는 21일부터 26일 새벽까지 꼬박 6일 동안 천수평, 어랑촌, 맹개골, 만기구, 천보산, 고동하곡 등지에서 10여 차례에 걸쳐 계속되었습니다. 임시정부 군무부의 발표에 따르면, 일본군 전사자 1,200명, 부상자 2,100명이었고, 독립군의 경우는 전사자가 60명에 부상자 90명으로 독립군 사상 가장 큰 격전이면서 최대의 승첩(勝

---
71) 「독립군항쟁사」, 80-81.

捷)이었습니다.[72)

  봉오동 전투와 청산리 전투에서 독립군 병사들은 온 힘을 다해 싸웠고, 또 지휘관들은 지형지물을 적절히 이용한 유격전술로 대승을 거두었습니다. 이는 일본의 만행으로 고통당하는 전 민족에게 뜨거운 구국충절의 정신을 불어넣는 크나큰 계기가 되었습니다.

---

72) 「3·1운동사」, 121.

6. 야만적인 일제의 만행과 황국신민화정책

Japan's savage acts of brutality
and Japanese policy to make Koreans subjects
of the emperor

(1) 1919년, 일제의 수원 제암리 교회 만행

　3·1독립운동의 불길이 전국적으로 번져 나가던 1919년 4월 초, 경기도 화성(당시 수원군)의 제암리 교회 청년들도 만세 시위를 벌이기로 결의하였습니다. 4월 5일, 옆 마을 발안 장날에 제암리 교회 청년들을 중심으로 많은 사람들이 모여서 "대한독립만세"를 외쳤고, 일본 경찰과 군인들은 무력으로 만세 시위를 진압하였습니다. 그러나 투철한 신앙과 민족 사상으로 단련된 제암리 교회 청년들은 이에 굴복하지 않고 밤마다 뒷산에 올라 산봉우리에 봉화를 올렸고, 봉화를 올리면 주민들도 일제히 만세를 외쳤습니다.

　만세 시위가 계속되던 중 일본 경찰과 헌병대원들이 제암리 교회 청년들의 학살을 계획하였고, 만세 시위를 벌인 지 약 열흘 만인 1919년 4월 15일 오후 2시경, 수원에 주둔하고 있던 일본 헌병 제78연대 소속 아리타 도시오 중위가 1개 소대 30명을 동원하여 "지난 4월 5일 발안 장터에서 심하게 진압한 것을 사과하고자 왔으니, 15세 이상의 남자 신자들은 모두 예배당에 모이라"라고 했습니다. 예배당 안에 사람들이 모이자, 모든 문을 폐쇄한 후 헌병대원 30명은 예배당을 포위하고 일제히 총으로 난사하기 시작했고, 교인들이 총상을 입어 쓰러지고 죽자 병사들은 예배당에 불을 질렀습니다. 이때 불 속에서 뛰쳐나오는 신자들은 총으로 쏘거나 칼로 찔러 죽였습니다. 이중 어떤 아버지는 주일도 아닌데 예배당에 모이라고 하니, 무슨 일인가 하여 가벼운 마음으로 아이까지 데리고 참석했는데 이러한 일이 벌어지는 것을 보며, '나는 죽여도 이 아이만은 살려 달라'라고 하며 창문으로 아이 얼굴을 밀어냈으나, 그 아이마저 칼로 난도질하여 죽였습니다. 이로 인해 이때 예배당 안에서 남자 21명, 예배당 뜰에서 부인 2명이 희생되었고, 예배당과 33호의 가옥이 소실되었습니다.

갑자기 남편을 잃고 아빠를 잃은 힘없는 부녀와 아이들은, 집마저 불에 타 버려 산 계곡에 엎드려 밤이슬을 맞으며 지내야만 하는 아픔을 겪었으니, 어린 자녀들은 배가 고프다고 울고 저녁이면 춥다고 울었으며, 바람에 낙엽 소리만 나도 일본 경찰과 군인이 곁에 나타난 줄 알고 몸서리쳤다고 하니, 그날의 아픔과 슬픔을 어찌 다 표현할 수 있겠습니까? 이러한 일본의 학살과 만행은 서천리(용인시 기흥읍: 수원근처) 부근 기독교인들이 사는 열다섯 군데에서도 똑같이 자행되었습니다.

그 외에도 정주, 맹산, 강서, 천안, 의주, 강계, 곽산, 위원, 창성에서도 계속되었습니다. 그리고 서울에서도 "남녀 교인을 포박해서 경성의 일본기독교회당에 가두고 무수한 십자가를 나열해 놓은 다음 포박한 남녀를 그 위에 매달고, 왜병이 앞뒤에 늘어서서 독을 바른 몽둥이로 때렸기 때문에 사상자가 심히 많았던"[73] 사건을 비롯하여 잔인무도한 만행이 계속되었습니다.

(2) 일제의 황국신민화 정책

3·1독립운동 후 자신들의 무단정치(武斷政治. 1910-1919)의 한계성을 절감한 일제는 문화정치(文化政治. 1919-1931)를 내세우기 시작했습니다.[74] 문화정치란, 무력 따위의 힘을 쓰지 않고 교화로써 다스리는 정치를 뜻합니다.

당시 조선총독 사이토 마코토[75]는 다음과 같은 교육시책을 발표했습니다.

---

73) 박은식, 「한국독립운동지혈사(하)」(서울 신문사, 1946), 112.
74) 제3기는 병참기지화 및 전시동원 정치(1931-1945)였다.
75) 사이토는 일제통치 기간(1910.8.29-1945.8.15)중 제 3대(1919.8.12-1927.4.15)와 제 5대(1929.8.17.-1931.8.27)에서 약 10년간 조선총독을 지냈던 자이다.

"먼저, 조선 사람들이 자신의 일·역사·전통을 알지 못하게 만듦으로써 민족혼과 민족문화를 상실하게 하고, 그들의 조상과 선인들의 무위·무능·악행 등을 들춰내어 그것을 과장하여 조선인 후손들에게 가르침으로써 조선의 청소년들이 그 부모와 조상을 경시하고 멸시하는 감정을 일으키게 하여 그것을 하나의 기풍으로 만들고, 그 결과 조선의 청소년들이 자국의 모든 인물과 사적에 관하여 부정적인 지식을 얻어 반드시 실망과 허무감에 빠지게 될 것이니, 그때에 일본 사적·일본 인물·일본 문화를 소개하면 그 동화의 효과가 지대할 것이다. 이것이 제국 일본이 조선인을 반(半)일본인으로 만드는 요결이다."

일제는 우리나라의 역사와 문화를 철저하게 짓밟고 파괴하고 말살했습니다. 최우선으로 역사책 51종 20만 권 정도를 강탈해 갔으며, 일본제국 신민으로 키우기 위해 한민족사를 다시 편찬해야 한다며 조선총독부 직할의 '조선사편찬위원회'를 만들었고 1925년 이 조직을 확대·강화한 '조선사편수회'를 발족하여 1938년까지 37권에 달하는 「조선사」(2만 4111쪽)를 일본의 주장대로 편찬했습니다. 이를 식민사관(植民史觀)이라고 하는데, 우리 민족을 아예 뿌리째 없애고 한국인의 정체성과 민족정기를 말살하여 일제의 한국 침략과 식민 지배의 학문적 기반을 확고히 하기 위하여 조작해 낸 역사관입니다. 식민사관에서는 한민족을 대체로 다른 나라의 지배하에 살아온 민족이라 했고, 스스로 자립할 능력이 없는 정체된 민족으로 부각시켜, 한국의 근대화를 위하여 일본의 역할이 필요하다는 침략미화론을 내세우고 있습니다.

애국심이란 역사와 그 기록과 올바른 전수를 통한 역사의식의 강화, 그리고 조상들이 일구어 온 문화적 유산의 토대 위에 생겨난 자연스러운 유대 관계를 통해 생기는 것입니다. 그래서 아놀드 토인비는 "어떤 민족을 멸망시키기 위해서는 먼저 그 나라의 역사를 말살하는 것이 식민주의자들의 철학이다."라고 말한 바 있습니다.

일제는 1931년부터 만주와 중국 본토 등 대륙 침략을 본격화하면서, 한국인의 정체성을 말살하여 일본의 전쟁을 위해 한국인을 마음대로 동원·사용할 수 있도록 하는 전시식민지정책의 일환으로 **황국신민화정책**(皇國臣民化政策)을 전개하였습니다. 이는 일본 천황에게 충성을 맹세한다는 증거로 일본 천황의 궁성을 향해 절을 하게 했는데, 이것이 **동방요배**[76]입니다. 황국신민화정책은 한국인을 일본 천황의 신민(신하 된 백성)으로 만드는 일종의 **민족말살정책**이었고, 신앙의 자유를 유린하는 종교적 침략 행위였습니다.

1936년부터는 조선의 히틀러라고 하는 미나미지로(南次郎, 남차랑: 1936-1941년 제 7대 조선총독으로 재임.) 총독이 부임하면서 각 읍·면 단위마다 신사(神社)를 설치했습니다. 이때 한반도에 세워진 신사의 수는 2,300여 개에 달하였고, 그곳들은 한국 민족의 정신을 구체적으로 말살시켜 가는 현장이 되어 버렸습니다.

그리고 일제는 모든 한국 백성에게 황국신민서사(皇國臣民誓詞)[77]를 아침 조회 때마다 암송케 하였습니다.

① 학교에서의 신사참배 강요

일제는 전국 교회를 상대할 경우 강한 반대 운동이 일어날 것이 두려워, 먼저 기독교 관련 학교에 손을 뻗치기 시작했습니다. 1935

---

76) 동방요배(東方遙拜): 동쪽 방향에 있는 일본 천황에게 아침마다 깊숙이 허리를 굽혀 절하는 것.
77) 첫째, 우리는 황국신민이다. 충성으로써 군국에 보한다. 둘째, 우리들 황국신민은 서로 신애 협동하여 단결을 굳게 한다. 셋째, 우리들 황국신민은 서로 인고, 단결, 힘을 기러 황도를 선영한다.

년 3월, 평남 지사로 부임한 야스다게는 11월 4일 평안남도 공·사립 중등학교 교장 회의를 소집하고 개회 벽두에 평양 신사에 참배를 하라고 명령했습니다. 이때 숭실중학교 교장 윤산온 선교사와 숭의여자중학교 교장 서리 정익성, 순안 의명중학교 교장 이희판 선교사가 각각 신앙 양심상의 문제로 참석할 수 없다고 끝까지 거절하다가 교장직을 파면 당하였습니다. 이를 계기로 기독교 학교는, 학교를 폐쇄 당하더라도 신사참배에 불응한다는 '마포삼열' 계열과, 학교를 살리기 위해서 신사참배에 동조해야 된다는 '언더우드' 계열로 분열되기도 하였습니다.

② **교회에서의 신사참배 강요**

일제는 자신들의 정책에 가장 큰 걸림돌이었던 교회 지도자들을 노골적으로 박해하였습니다. 그 정책은 바로 일제의 신사참배 강요였습니다. 각 교회당 안에는 '가미다나'라는 작은 신단을 만들어 예배드리기 전에 먼저 그것에 절을 하게 하고 동방요배를 강요했습니다. 이에 반대하면 가차없이 끌어다가 갖은 고문을 하고 옥에 가두고 수없이 매로 쳐서, 수많은 주의 종들과 성도들이 이 땅에 순교의 피를 흘리며 죽어갔습니다.

교회들은 경남노회 주기철 목사가 "신사참배는 10계명에 위배되는 죄요! 신사참배는 사신 우상에게 절하는 죄입니다!"라고 주동하여 1931년 9월 신사참배를 반대키로 결정한 바 있으나, 1938년 9월 제 27회 총회에서 총회장 홍택기 목사를 필두로, 총회 산하의 총대 88명, 장로 88명, 선교사 30명 등 총 206명이 일제의 권력 앞에 다 굴복하여 신사참배를 결의하였습니다. 여기에 주기철·박봉진·허성도 목사 등은 신사참배를 반대하다가 감옥에서 옥사하였습니다.

(3) 1932년 4월 29일, 매헌 윤봉길 의사의 의거

　일제의 탄압이 극에 달할 때 나라의 독립과 자유를 위하여 고귀한 생명을 바친 수많은 순국선열 중에 빼놓을 수 없는 분이 매헌 윤봉길 의사입니다. 윤 의사는 1908년 6월 21일 충남 예산군 덕산면 시량리 178번지 광현당에서 5남 2녀 중 장남으로 태어났습니다. 본명은 우의(禹儀)이고, 별명은 봉길(奉吉)이며, 호는 매헌(梅軒)입니다. 아버지(윤황)는 평범한 농부였고 어머니(김원상)는 당시 농촌 부녀자로는 보기 드물게 국문을 해독했는데, 봉길이 천자문을 다 떼었을 무렵(7세), 학습을 지도한 어머니까지 그 책을 줄줄 외울 정도였다고 합니다. 윤 의사는 1918년(11세)에 덕산공립보통학교에 입학하여 신교육을 받았으며, 이듬해에 3.1운동이 일어나자 일제의 만행에 격분하여 식민지 교육을 배척하고 보통학교를 자퇴하고, 최병대(崔秉大) 문하에서 한문을 익혔습니다(12세). 1921년(14세)부터는 인근 마을의 서당 오치서숙(烏峙書塾)에서 유학자 매곡 성주록(成周錄) 문하에서 한학을 익혔습니다(16세 장원). 이 후 윤 의사는 동아일보, 민족잡지 개벽 등을 구독하고 부지런히 신학문 서적을 탐독하였습니다. 1926년(19세)부터 야학당, 독서회, 학예회 등을 주재하며 농촌 운동에 앞장섰습니다. 그 이듬해에는 야학 교재로서 농민독본(총 3권)을 저술하였고, 1928년에는 부흥원을 설립하였으며, 월진회를 조직하여 본격적인 농민운동을 전개하였습니다. 그는 일제의 수탈로 도탄에 빠진 농촌을 살려 보고자 민생문제 해결에 앞장서고, 농민의 단결과 계몽운동, 농촌의 경제 자립에 온 힘을 쏟았습니다.

　윤 의사는 1930년(23세) 3월 6일, 독립운동에 목숨을 바치겠다는 큰 뜻을 세우고, 화선지 조각에 **'장부출가 생불환**(丈夫出家 生不還: 사내 대장부가 뜻을 품고 집을 나가면 그 뜻을 이루기 전에는 살아 돌아오지 않는다.)'이란 글을 남기고는 늘 입던 한복 차림에 모자를 쓰고

집을 나섰습니다.

1930년 10월 18일 망명지 청도에서의 서신에는 윤 의사의 비장한 심경이 담겨 있습니다.

> 사람은 왜 사느냐
> 이상을 이루기 위해서 산다.
> 보라! 풀은 꽃을 피우고 나무는 열매를 맺는다.
> 나도 이상의 꽃을 피우고
> 열매를 맺기를 다짐하였다.
>
> 우리 청년시대에는 부모의 사랑보다
> 형제의 사랑보다 처자의 사랑보다도
> 더 한층 강의한 사랑이 있는 것을 깨달았다.
> 나라와 겨레에 바치는 뜨거운 사랑이다.
> 나의 우로와 나의 강산과 나의 부모를 버리고라도
> 그 강의한 사랑을 따르기로 결심하여
> 이 길을 택하였다

1931년 5월 임시정부가 있는 상해에 도착한 윤 의사는 미국유학 계획을 세운 뒤 낮에는 모자 공장에서 일하고, 밤에는 영어를 공부하였습니다. 이때 '한인 공우회'를 조직하고 노동운동을 하게 됩니다. 일제는 1931년 9월 18일 만주 사변을 일으켰고, 이어 1932년 1월 28일 상해 사변을 일으켜 중국 본토를 침략했습니다. 이에 중국인들의 반일 감정이 고조되고 세계 이목이 이곳에 집중되어 일본의 침략행위를 비방하는 여론이 전 세계에 퍼지자, 윤 의사는 이때야말로 혁명할 시기라고 판단, 미국 유학을 포기하고 거사를 준비하였습니다. 마침 일제는 일본 왕의 생일(4월 29일)에 전승 기념 축하식을 하겠다고 발표하였습니다. 윤 의사는 이 기회를 놓치지 않고 역사적인 상해 홍구공원 의거를 결단하게 됩니다.

1932년 4월 27일, 홍구공원을 사전 답사하는 등 의거 준비에 만전을 기하였습니다. 마침내 의거일인 1932년 4월 29일 윤 의사는 삼엄한 경비를 뚫고 7시 50분경 홍구공원 입장에 성공했습니다. 경축식단 단상 중앙에는 침략군 사령관 시라가와 육군대장 등 전쟁범죄자 수괴 7명이 도열하여 있었습니다. 흐렸던 날씨는 식이 시작되면서부터 비가 내리기 시작했습니다. 일본군이 전승 기념 축하 관병식을 11시에 마친 후, 잠시 휴식시간이 있었고 11시 반부터 예정대로 일본 왕 생일을 축하하는 예식이 시작되었습니다. 예식의 마무리 단계로 일본 국가 제창이 끝나갈 무렵, 확성기의 성능이 나빠 수리하는 어수선한 틈을 타서 윤 의사는 도시락 폭탄을 땅에 내려놓고 어깨에 메고 있던 물통형 폭탄[78]을 내려 발화용 끈을 잡아 당기는 동시에 앞으로 돌진했고, 왼쪽 뒤쪽에서 단상을 향해 폭탄을 힘껏 던졌습니다. 폭탄이 단상 중앙에 명중하면서 천지를 진동하는 광음과 함께 폭발하여 경축 식장은 순식간에 아비규환이 되고 말았습니다. 이때가 11시 40분(한국 시간 12시 40분)이었습니다.

윤 의사가 던진 폭탄에 의해 **시라가와 요시노리**(白川義則) 대장은 전신 24개처에 파편을 맞아 신음하다 끝내 사망하였고, **가와바다 사**

---

[78] 의거에 사용된 폭탄은 물통형과, 자결용으로 준비한 도시락형 두 가지이다. 물통형 폭탄은 알루미늄제 물통 속에 폭탄을 넣고, 외부에 회색 재크의 덮개를 씌우고 가죽끈을 붙여 어깨에 걸메도록 되어 있다. 물통 입구 부분에 신관을 위치시키고 발화용의 삼끈을 부착하였다. 도시락형 폭탄은 알루미늄제 상자에 폭탄을 넣고 보자기로 싸서 신관 부분에 작은 구멍을 뚫어 여기에서 발화용의 끈을 내놓았다.

다쓰구(河端貞次) 거류민 단장도 창자가 터져 즉사하였습니다. 그리고 해군 3함대 사령관 **노무라 키치사부로**(野村吉三郎) 중장은 오른쪽 눈을 실명하였고, 육군 9사단장 **우에다 겐키치**(植田謙吉) 중장과 **시게미쓰 마모루**(重光葵)는 다리가 부러져 절뚝발이가 되었으며, 상해 **무라이**(村井倉松) 총영사와 거류민단 **토모노**(友野盛) 서기장도 각기 중상을 입었습니다.

일본 제국주의 침략군을 응징했다는 통쾌한 소식이 신문을 통해 재빨리 보도되었고(동아일보 1932년 4월 30일자 호외), 우리 국민들은 크게 열광하며 꺼져 가던 독립운동의 불꽃이 되살아나기 시작했습니다. 또한 당시 상해를 빼앗기고 치욕과 울분에 떨고 있던 중국인들도 일제히 환호하면서 시가가 들썩거릴 정도였습니다. 당시 중국군 장개석 총통은 "중국의 백만 대병도 불가능한 거사를 한국 용사가 단행하였다"라고 윤 의사의 의거를 높이 평가하면서, 이 후로 임시정부를 전폭적으로 지지하여 활동을 도왔습니다.

국제도시 상해를 점령한 일본군의 동태를 전 세계가 주시하는 가운데 일본침략군 총사령관을 비롯하여 사령부를 모두 섬멸한 것은 전 세계를 놀라게 하였습니다. 조선이라는 나라의 존재가 세계 사람들의 뇌리에 깊이 새겨진 것입니다. 무엇보다 침체되었던 대한민국 임시정부를 활성화시켜, 불굴의 독립정신과 치열한 독립운동을 전 세계에 널리 알리는 큰 성과를 내었습니다.

윤 의사는 체포 직후 4월 29일 수사관의 신문에 대하여 상해 의거의 이유를 다음과 같이 답변했습니다.

"현재 조선은 실력이 없기 때문에 적극적으로 일본에 반항하여 독립함은 불가능할 것이다. 그러나 만약 세계대전이 발발하여 강국피폐(强

國疲弊)의 시기가 도래하면 그때야말로 조선은 물론이고 각 민족이 독립하고야 말 것이다.

현재의 강국도 나뭇잎과 같이 자연 조락(凋落)의 시기가 반드시 꼭 온다는 것은 필연의 일로서, 우리들 독립운동자는 국가성쇠의 순환을 앞당기는 것으로써 그 역할을 삼는다. 물론 한두 명의 상급 군인을 살해하는 것만으로 독립이 용이하게 실행될 리는 없다.

따라서, 금회의 사건과 같은 것도 독립에는 당장 직접의 효과가 없음은 잘 알고 있지만, 오직 기약하는 바는 이에 의하여 조선인의 각성을 촉구하고, 다시 세계로 하여금 조선의 존재를 명확히 알게 하는 데 있다. 현재 세계지도에 '조선'은 일본과 동색으로 채색되어 각국 인은 조선의 존재를 추호도 인정하지 않는 상황에 있다. 그러므로 차제에 '조선'이라고 하는 개념을 이러한 사람들의 뇌리에 깊이 새겨 넣는 것은 장래 우리들의 독립운동에 관하여 결코 도이(倒爾: 헛된 일)가 반드시 아님을 믿는다."

의거 당시 윤 의사는 자폭할 목적으로 가져왔던 도시락 모양의 폭탄을 집을 겨를도 없이 현장에서 체포되었습니다. 4월 29일, 30일 양일간에 걸친 무자비한 고문에 견디기 어려운 고통을 당했습니다. 사납기로 이름난 헌병이 이 사건을 맡았는데, 거듭되는 혹독한 고문과 냉혹한 심문을 통해 의거 전말과 그 배후를 추궁하였으나, 윤 의사는 한인애국단 김구 단장이 그해 5월 10일 성명서를 통해 그 진상을 세상에 공포할 때까지 배후와 경위를 일체 함구하였습니다.

5월 25일, 상해 파견 일본 군법회의에서 단심으로 사형이 확정되었고, 11월 18일에는 일본 오사카로 호송되어 육군 형무소에 수감되었습니다. 그해 1932년 12월 19일 오전 7시 40분, 가나자와 교외의 으슥한 미고우시 육군형무소 공병작업장에서 무릎을 꿇고 십자가 형 사형틀에 결박되어 26발의 탄환을 맞고 25세로 순국하였습니다. 윤 의사는 형장의 이슬로 사라지기 전, 조선의 전 동포에게 다음의 내용을 남겼습니다.

"아직은 우리가 힘이 약하여 외세의 지배를 면치 못하고 있지만, 세계 대세에 의하여 나라의 독립은 머지않아 꼭 실현되리라 믿어 마지 않으며, 대한 남아로서 할 일을 하고 미련 없이 떠나가오."

윤 의사는 민족의 자유와 국가의 독립 그리고 평화를 위하여 의연히 피를 뿌리며 짧은 생을 마쳤습니다. 참으로 윤 의사는 죽음을 택해야 할 단 한 번의 좋은 기회를 포착했고, 그때 그는 자신과 가족의 미래보다 조국의 영광스런 미래를 선택했습니다.

한편, 윤 의사의 유해는 묘지 관리사무소와 그 옆에 있는 쓰레기 하치장 사이 통로에 아무렇게나 버려져 짓밟히는 수모를 겪다가, 고향 떠난 지(1932년 3월 6일) 16년 만에 발굴되었습니다(1946년 3월 6일). 사형 당시 일본 국군묘지 관리인의 부인이던 노파(80여세)가 일러 주는 쓰레기 하치장을 파서 가매장된 윤 의사의 관과 십자가 형틀, 그리고 여러 유품들을 찾아냈습니다. 그의 유해는 1946년 6월 30일 조국에 반장되었고, 1962년 건국훈장 대한민국장이 추서되었습니다.

윤 의사는 짧은 25세의 생을 마쳤으나, 그의 숭고한 애국혼은 자유민주주의 대한민국 전 국민의 가슴속에 영원히 타오를 것입니다. 그의 혈육으로는 종(淙), 담(淡) 두 아들뿐이지만, 그의 뜨거운 애국혼을 이어받은 민족의 후계자는 무수할 것이며, 만대까지 끊어지지 않을 것입니다. 오직 나라를 내 몸처럼 아끼고 지키다가 희생한 우리 조상들의 피와 땀, 그 숭고한 희생이 있었기에 오늘날 21세기 대한민국이 존재하고, 그들의 후손 된 우리는 발전된 조국으로부터 수많은 혜택을 값없이 누리고 있습니다. 그러므로 우리는 그들의 핏자국 서린 발자취를 영원히 기억하고, 숭고한 희생을 가슴 깊이 새기며, 그 뜨거운 민족혼을 우리의 자녀와 장래의 먼 후손들에게까지 전해 주어야 하겠습니다. 국민 한 사람 한 사람이 각자의 맡은 분야에서 정직과 성실로 최선을 다한다면, 다시는 망국의 비애를 겪지 않을 것이며, 대한민국은 머지않아 세계를 선도하는 으뜸 국가가 될 것입니다.

(4) 독립을 위해 믿음의 절개를 지킨 애국자 주기철 목사

당시 한국에서 제일 큰 평양 산정현교회를 맡고 있던 주기철 목사는 일제로부터 나라를 되찾고, 한국 교회를 수호하기 위해 끝까지 신사참배를 거부하다가 순교하신 이 땅의 거룩한 밀알이었습니다. 애국자 주기철 목사는 1897년 11월 25일, 경상남도 창원군에서 주현성(朱炫聲)씨의 4남 3녀 중 4남으로 태어났습니다.

1922년 경남노회의 추천서를 받고 평양신학교에 입학하였습니다(25세). 28세에 목회를 시작하여 부산 초량교회에서 6년(1925-1931년), 마산 문창교회에서 6년(1931-1936년), 1936년 7월에는 평양 산정현교회에 부임하였습니다(39세).

주 목사는 부임하자마자 5층 건물의 새 성전을 짓기 시작하여, 당시 한국에서 가장 큰 교회를 건축하였습니다. 그런데 헌당예배당일, 예배 15분 전에 주 목사가 갑자기 제 1차 체포되었고 헌당예배는 당회장 목사가 없는 가운데 눈물 속에 거행되었습니다.

그리고 1938년 제 27회 총회의 신사참배 가결(1938년 제 27회 총회, 총회장: 홍택기 목사)을 반대하다가 제 2차로 구속되었고, 이 후

1938년 제 3차로 의성 경찰서에 연행되어 7개월 구금되었는데, 이곳에서의 옥고가 가장 혹독했다고 합니다.

그리고 1939년 9월 제 4차로 연행되었으며, 1939년 12월 19일 일제의 권력 앞에 아부하던 총회로부터 주 목사는 목사직 파면 처분을 받았고, 1940년 3월 24일 산정현교회가 완전히 폐쇄된 후 목사관 사택에서 주 목사의 가족이 추방되었습니다. 1942년에는 평양 형무소로 이감되었습니다.

주 목사에 대한 잔악한 일제의 모진 고문과 학대는 말로 다 할 수 없습니다. 주 목사는 일제가 기독교를 학대하며 강요한 신사참배를 끝까지 반대하다가, 뾰족한 못 판 위를 걷는 고문, 전기 고문 등을 연거푸 당했습니다. 온갖 고문으로 몸이 찢기고, 손발톱이 다 빠지고, 하루에도 여러 번 기절하곤 했습니다. 배고픔과 추위, 육신의 고통 속에 죽음의 고비를 여러 번 넘겼습니다. 주전자에 물을 가득 담고 고춧가루를 잔뜩 담아 와서는 코와 입에 쏟아 붓고, 배가 농구공 두 개만큼 부풀어 오르면 의자 두 개를 얹어 놓고 짓눌렀습니다. 그러면 입과 코, 귀에서 붉은 물인지 핏물인지 모르는 것이 흘러나왔습니다. 잔악한 일본 경찰은 잔인하게도 가족이 서로 마주 보는 가운데 고문을 함으로써 항복을 받아 내려고 했는데, 이 때 고문당하는 것을 보았던 막내아들은(당시 10살) 3년 동안 말을 잃어버리는 실어증이 왔고, 주 목사 어머니는 열흘 동안 정신병에 시달렸다고 합니다.

면회 때마다 주 목사가 오정모 사모에게 야단치는 것이 있었는데, "왜 옷에 솜을 이렇게 두툼하게 넣어 와서 날 괴롭히느냐?"라는 것이었습니다. 고문실에서 한참 매를 맞고 피를 많이 흘리면 피가 두터운 솜에 전부 스며들어 그게 빨리 마르지 않았고, 고문할 때마다 끼얹는 찬물이 옷에 배어서 피, 고름, 물로 늘 젖어 있었습니다. 평양의 겨울은 영하 25도를 밑도는 것이 보통이었는데, 그러면 옷이 다 얼어서 판자처럼 뻣뻣해져, 간수가 넣어 준 음식을 가져오려고 움직이는 동안 아물어 가던 상처가 또 터지고 피고름이 났던 것입니다. 그래서 "솜을 안 넣으면 피가 흘러도 시멘트 바닥으로 다 흘러 버릴 것이고, 물을 부어도 금방 말라 버릴 테니까 그 고통은 없을 것인데 왜 자꾸 솜을 넣느냐?"라고 야단을 쳤던 것입니다.

이러한 가운데서도 주 목사의 감방에서는 단 하루도 찬송이 그치지 않았습니다. 오히려 찬송이 울려 나오지 않는 날이면 주 목사가 혹 운명하지는 않았는지 걱정할 정도였습니다.

순교 당일 평양 형무소 소장의 주선으로 오정모 사모와의 최후의 면회가 이루어졌습니다. 면회라기보다는 금방 죽을 것 같은 느낌을 받은 형무소 소장이 급히 연락하여, 주 목사를 병보석으로 퇴소시켜 병원에 입원시켜도 좋다는 뜻을 전했습니다. 오정모 사모는, 간수의 등에 업혀 나와 피골이 상접한 주 목사와 최후의 면회를 하게 되었습니다. 7년간 단 하루도 따뜻한 방에서 자지 않았던 오정모 사모는, 조금도 나약한 모습을 보이지 않고 "당신은 꼭 승리하셔야 합니다. 살아서는 이곳을 못 나오십니다."라고 오히려 강하게 격려하였습니다. 이에 주 목사는 "내 살아서 이 붉은 벽돌문 밖을 나가리라 기대하지 않소. 나를 위해 기도해 주시오. 나는 오래지 않아 주님 앞으로 갑니다. 어머니와 어린 자식을 잘 부탁합니다. 하나님 나라에 가서 산정현교회와 조선의 모든 교회를 위해 기도하겠소. 나의 죽음이 한 알의 밀알이 되기를 원합니다."라는 마지막 말을 남기고 다시 간수의 등에 업혔습니다.

오정모 사모가 너무 가슴이 아파 "마지막으로 더 부탁할 말씀이 없으시냐"라고 물었을 때, 주기철 목사는 손을 한 번 흔들어 주면서,

"여보, 나 따뜻한 숭늉 한 그릇이 먹고 싶은데..."라고 하셨다고 합니다. 고문으로 난 상처와 영하 25도를 밑도는 감옥소의 냉기에 몸이 얼마나 쇠약해졌으면 위대한 순교자의 마지막 말이 '따뜻한 숭늉 한 그릇만 먹고 싶다'라는 말이었을까요?

이 면회가 이루어지고 다섯 시간 뒤인 1944년 4월 21일 금요일 밤 9시, 해방되기 1년 4개월 전에 애국자 주기철 목사는 1938년부터 약 7년간의 옥고 끝에 47세로 평양 형무소에서 순교하였습니다.

후에 주 목사의 시신을 사과 궤짝 널빤지에 실어 집으로 모셔와 사모가 알코올로 몸의 구석구석을 닦았는데, 갖은 고문으로 온몸이 찢겨 있었고, 발톱과 손톱은 빠지거나 제 모양을 잃고 일그러져 눈 뜨고 볼 수가 없을 정도였습니다.

당시 주기철 목사는 한낱 불명예스러운 죄수로서 이 세상을 하직하였지만, 실로 그는 우리 민족 양심의 횃불이었으며, 한국 교회 순교적 신앙의 전통을 단절 없이 이어 주는 한 알의 소중한 밀알이 되었습니다. 나라의 독립을 위한 그의 고귀한 애국심은 잔악한 일제에 의한 죽음 앞에서도 결코 흔들리지 않았으며, 마침내 민족 해방의 최후의 밑거름이 되었던 것입니다.

(5) 일본 침략전쟁의 총알받이로 끌려간 젊은 청년들

조선의 많은 사람들은 일본에 강제 동원되어 1929년부터 탄광, 비행장, 군수공장에 노무자로 끌려가 노예처럼 일을 했는데, 그들의 수가 200만여 명에 달하였습니다. 특히 남양 군도, 미얀마, 사할린 등의 오지에 끌려가서 죽도록 노동했던 자들이 약 70만 명에서 100만 명에 이르렀습니다.

또한 일제는 육군특별지원병제도(1938년)를 실시하다가 1943년에 징병제도로 바꾸어 젊은 청년들을 닥치는 대로 징집하여 전쟁터로 끌고 갔고, 일본의 침략전쟁의 전선에서 총알받이로 희생시켰습니다. 징병제로 끌려간 젊은이가 21만 명이며, 학생들을 대상으로 학생지원병제도(1943년)를 실시하여 학도병으로 끌려간 자가 4,500명이나 되었습니다. 일제는 패전을 앞두고 증거를 없애기 위하여 이들을 집단 학살하는 만행을 저질렀습니다. 지시마 열도에서는 5,000여 명이 학살당했으며, 만주의 731부대에서는 3,000여 명이 세균무기의 인체실험 대상자가 되었습니다.

일제는 패전 사흘 뒤인 1945년 8월 18일, 일본 전범의 재판과 관련해 일어날지도 모를 재일 한국인들의 폭동을 우려하여 한국인 노동자를 부산으로 송환하라는 명령을 일본 해군을 통해 예하부대에 내렸습니다. 이러한 명령에 따라 "금번 기회에 귀국하지 않으면 다음에 기회가 있을지 알 수 없다."라는 말로 북해도의 각 탄광에 강제 징용되었던 자들을 감쪽같이 속여, 7,000여 명의 조선인을 태운 4,740톤급 일본 해군 군함 우키시마호는 8월 21일, 일본 북동쪽에 있는 아오모리현(青森縣)의 오미나토항(大湊港)을 떠났습니다.

그러나 부산항으로 향하던 우키시마호는 돌연 방향을 돌려 24일 오후 5시 20분쯤, 일본 중부 동해 연안에 있는 마이즈루항(舞鶴港)으로 들어갔는데, 이때 갑자기 원인 모를 폭음과 함께 배가 폭파되어 두 동강이 나면서 침몰하고 말았습니다. 사고의 원인은 확실히 밝혀지지 않고 있으나, 부산 도착 후 조선인의 보복이 있을 것이 두려워 일본군이 계획적으로 폭파하였다는 증언이, 함께 탄 일본 해군 장교들에게서 무수히 전해지고 있습니다.

조선인 승선자 3,725명, 사망자 524명, 실종자 수천여 명으로 발표하였으나, 당시 배에 탔던 생존자의 말을 빌면 배에 탄 한국인은

7,000명 이상이었을 것으로 전해지고 있으며, 현장을 목격한 현지 주민들에 의하면 사망자는 1,000명 이상이라고 합니다. 이들은 일제의 강제 노역으로 노예처럼 연명하던 노동자와 그 가족들로서, 광복의 기쁨과 귀향의 즐거움을 채 느끼기도 전에 떼죽음을 당한 것입니다.

(6) 일본군의 성 노예로 끌려간 조선의 젊은 처녀들

일본은 1931년 만주사변과 1937년 중일전쟁을 일으키면서 대륙 침략을 시작했고, 1941년에는 진주만을 기습공격하고 태평양전쟁을 도발하여 제 2차 세계대전으로 확대해 나갔습니다. 1932년 만주국 수립 이후 일본군의 성적욕구를 해소하기 위한 목적으로, 일제는 민간이 아닌 군의 주도하에 위안소를 만들기 시작했습니다. 최초에는 일본군인들에 의한 현지인 강간사건을 방지하기 위해서 상해에 군위안소를 설치했는데, 1937년 중일전쟁이 시작된 이후로 전쟁이 확대되어 군인이 늘어 가고 장기전이 되자, 일제는 군위안소 제도를 확충하기에 이르렀습니다. 이때 동원된 여성들을 가리켜 위안부(慰安婦)라 하였는데, 병사 처지에서 보면 위안부였지만 날마다 강제로 반복해서 윤간당하는 입장에서는 성 노예 그 자체였습니다.[79]

필리핀, 인도네시아 등의 현지 여성들을 강제로 연행하기도 했으나, 옛 일본군 군의관인 아소 테츠오의 증언에 따르면 1938년 12월

---

79) ['정신대'와 일본군 '위안부'의 용어 차이]: 일반적으로는 '정신대(挺身隊)'라고 부르는데, '정신대'는 이름 그대로 남녀를 가리지 않고 국가를 위해 몸을 바친 부대란 의미이다. '정신대'란 말은 일제가 1940년 이후 신문기사에서(친일신문 「매일신보」) 자주 사용했는데, 여자근로정신대를 가리킨다. 그러나 여자 근로정신대는 일본군에게 반복적으로 성폭력을 당하는 군위안부로 끌려간 자가 많았다. UN 등 국제 사회에서는, 일제가 그들에게 행한 비인간적인 폭력의 본질적인 측면을 드러내기 위해 '성 노예, 성폭력 피해자'라는 표현도 같이 쓰고 있다[「일본군 위안부 문제를 쉽게 알 수 있는 작은 자료집」 (나눔의 집, 2000)].

상해 위안소에 있던 대부분의 피해자들이 조선인이었습니다.

전쟁이 막바지에 이르렀을 때 일제는 조선의 처녀들에게 접근하여 취직을 시켜 준다거나 좋은 돈벌이가 있다는 감언이설로 피해자들과 그 부모를 속여, 대대적으로 끌어 모으기 시작했습니다. 당시 우리나라는 일제의 심한 수탈로 끼니를 잇지 못하고 민족 전체가 가난과 굶주림에 시달렸습니다. "좋은 일자리가 있다, 낙원 같은 곳에 취직시켜 주겠다, 돈을 벌어 가족과 나라를 살리는 길이 있다."라는 감언이설에 누구라도 쉽게 넘어갈 수밖에 없었습니다. 뿐만 아니라 군과 경찰이 나서서 폭력, 협박, 유괴, 납치, 인신매매 등을 통해 강제로 동원하기도 했습니다. 이렇게 강제로 동원된 조선의 젊은 처녀들이 약 20만 명이나 되었습니다.

강제 연행 당시 피해자들의 연령층은 대부분 10대로, 이들 중에는 아직 초경이 없을 정도로 어린 자가 많았습니다(증언자 중에는 11세에 끌려갔다는 이도 있음). 증언자들에 의하면 단 한 사람도 이때 자신들이 위안소로 간다는 사실을 아는 이가 없었습니다.

현지에 도착한 후에는 이미 거부나 도망이 불가능한 상황이었습니다. 일본군 위안소 생활을 통해서 돈을 모아 자기와 가족이 자립할 수 있을 것이라는 작은 희망조차 이내 무너졌으니, 위안소 생활을 통해 돈을 벌었다는 여성은 한 사람도 없었습니다. 이용규칙에 요금제도의 규정이 있었으나 아예 돈을 못 받았다는 증언이 대부분이고, 오히려 식비, 옷값, 화장품값 등의 온갖 명목으로 갚아야 할 빚만 늘어났으며, 군용수표를 받은 경우가 있었지만 일제가 망하자 휴지 조각이 되었습니다.

강제로 동원된 조선 처녀들은 군용열차와 군용트럭에 실려 일본군이 침공했던 아시아와 태평양 전역, 그것도 전쟁의 최전선까지 일본군을 따라 이동하였습니다. 극히 열악한 환경인 데다 전선 지대라 생명의 위협까지 감수해야 했습니다. 마굿간이나 전선지대의 텐트, 혹은 임시목조 가건물의 판잣집의 비좁은 공간에 갇혀, 마룻바닥에 이불 하나로 모진 추위를 견디어야 했습니다. 그런 가운데 일본 군인들의 성 노예가 되어 날마다 잔인한 폭력에 시달렸습니다. 위안소 경비가 엄격하여 철저한 감시 속에 외출은 금지되어 있었고, 간혹 탈출하다 실패하면 그 자리에서 사살을 당했습니다.

일본군 문서에 의하면 위안소의 명칭은 '군위안소, 군인클럽, 군인오락소, 위생적인 공중변소' 등으로 불렸습니다. 처음에는 니꾸이찌(ニクイチ=29:1)정책이라고 하여 한 여자가 29명의 일본군을 상대하도록 했습니다.[80] 그러나 증언자들에 의하면 실제는 이러한 기준이 무시되고 한 명의 위안부가 60-70명의 군인들을 상대할 것을 요구당했습니다.[81]

일본 군인들은 위안소를 찾아와 줄을 서서 연거푸 쉴 사이도 없이 들이닥쳤습니다. 줄을 서는 군인들은 넘치고 여성은 부족했으니, 위안소 규칙과는 상관없이 '들어오는 대로' 군인을 상대해야 했고, 그것을 저항하거나 거절하면 닥치는 대로 때리고 짓밟아 온몸은 멍들고 찢겼으며, 공개적으로 칼로 난도질당하거나 목이 베여 비참하게 살해를 당하는 경우도 있었습니다.[82] 성병이 심해지거나 임신이 되면 606호 주사와 중독성이 큰 수은이 든 약을 먹이는가 하면, 심지어 월경 중에도 쉬는 날 없이 연속적인 성적 학대를 당했습니다. 그

---

80) 平凡社「世界大百科事典」
81) 김문숙, 「역사를 바로 알자(2)」 (신안출판사, 1997), 13.
82) 「역사를 바로 알자(2)」, 21, 23.

렇게 보통은 7-8년, 길게는 10년 이상을 당했습니다.[83]

임종록(林宗綠)씨가 1974년 3월자 아세아공론에 게재한 '여자 정신대(女子挺身隊)'라는 글을 보면 일본 군인들의 야만적인 행동의 극치가 드러납니다.

「거의 모두가 한국 처녀인 한 떼의 여자들이 트럭에 실려 왔다. 여자 정신대라고 불리는 위안부들이었다. 막사를 모포 따위로 칸을 막아서 한 칸에 한 사람씩 배치한 다음 전 장병을 광장에 집합시켰다. 부대장은 한바탕 연설을 늘어놓은 다음, 여자들이 대기하고 있는 막사 속으로 사라졌다. 병졸들은 막사 앞에 열을 짓고 자기 차례가 되기를 목마르게 기다렸다. 한 사람이 들어가서 볼 일을 보고 나오는 데 십 분이 채 안 걸렸고, 길어야 십오 분이었다. 십 분이 지나 십오 분 가량 되면 기다리는 병졸들의 입에서는 욕설이 마구 튀어 나왔다. 여자들은 속치마를 입었다가 벗었다가 할 사이도 없었다. 천장을 향해 벌거벗은 채 드러누워 있을 따름이었다. 마치 나체(裸體) 인형과 같았다. 시간이 경과함에 따라 여자들의 하복부는 피로 물들어 갔다. 줄을 선 병졸들이 삼분의 일도 줄어들기 전에 여자들은 의무실로 실려 나갔다.」

야수 같은 일본 병사들은 남자에 대해서 전혀 알지 못하는 꽃다운 나이의 십대 소녀들에게 짐승같이 달려들어 온 몸을 걸레처럼 만신창이가 되도록 망가뜨렸습니다. 게다가 병에 걸려서 위안부 노릇을 못 하게 되면 어디론가 끌려가 실종되기 일쑤였습니다. 우리 대한의 딸들 20여만 명이 하나같이 그렇게 살점이 찢기고 만신창이가 된 몸으로 제대로 걷지도 못하고 늘 불안과 초조와 공포 속에서 신음해야

---

83) 위안부 경험자들은 훗날 결혼을 해서도 아이를 낳지 못하는 자가 대다수였다.

했습니다. 공중변소에 배설을 하듯 짐승만도 못한 짓을 행한 일본인들의 사악한 만행과 그 잔악성은 너무도 기가 막히고 치가 떨리고 소름이 끼칩니다.

더욱 천인공노할 일은, 패전 후 일제가 모든 흔적을 없애기 위해 위안부 노릇을 했던 자들을 대부분 사살했고, 혹은 자결을 강요하며 현지에 버려지도록 했습니다. 일본군의 위안부였다는 사실이 마음속 깊이 수치심으로 응어리져 귀향을 단념한 이도 많았으며, 숱한 어려움을 헤쳐 가며 고향 땅을 밟은 이도 있으나 대부분 일본군에게 짓밟혔던 혹독한 세월 그 이상으로 고통스러운 나날을 보내야 했습니다. 위안부 중 결혼과 출산을 포기하고 혼자서 사는 이가 많았는데, 그들은 위안부의 삶이 남긴 상처 때문에 말할 수 없는 고독과 끊임없이 싸워야 했던 것입니다. 일평생 신체적 질병은 말할 것도 없고, 순결을 잃은 여성이라는 굴레와 한(恨)을 지닌 채 고향 사람, 친척, 부모 앞에 나서지 못하고 숨을 죽이며 살았습니다. 자신의 청춘이 망가뜨려진 데 대한 분노와 화병, 불안증, 피해의식, 심각한 우울증, 불면, 악몽에 시달리는 등 숨질 때까지 참혹한 나날을 견뎌야 했습니다.

이들은 모두 조선의 딸들, 대한의 딸들입니다. 그러나 아무 힘이 없던 식민 시대의 딸들이었기에, 그야말로 한 순간의 자유도 없고 보상이 없는 데도 말 한마디 못 하고 시키는 대로만 당해야 하는 굴욕의 삶을 살아야 했습니다. 실로 울밑에 선 처량한 봉선화처럼, 나라를 잃고 남의 나라의 종이 된 자의 설움과 치욕이 그처럼도 처절했습니다.

정절(貞節: 여자들의 곧은 절개)과 정조(貞操: 여자의 깨끗한 절개와 지조, 성적 순결을 지키는 일)를 생명보다 더 중시했던 우리 조선의 처녀들이, 죽음보다 더한 수모를 피눈물을 삼키며 감내해야 했습니다. 참으로 우리 딸들이 당한 그 기막힌 비극은, 곧 내 나라 조선이 당한 아픔이며 비극입니다. 이보다 더한 국가적인 수모가 세상에 또 있을까... 너무나 혹독하게 당했던 역사적 사실들이, 이념과 세월의 힘에 밀려서 묻혀 버리거나 의도적으로 덮이거나 왜곡된 채 남의 일처럼 쉬 잊혀져 버린다면, 그것은 나라의 기초와 뿌리를 상실하는 더 무서운 비극이 되고 맙니다.

위안부였던 할머니들이 신상 공개를 꺼리다가 1991년 8월, 46년 만에 용감하게 나서서 자신이 일제 시대 위안부였다는 사실을 고(故) 김학순 할머니가 세상에 처음으로 공개하셨습니다. 김 할머니가 "우리가 강요에 못 이겨 했던 그 일을 역사에 남겨 두어야 한다."라고 간곡히 호소하며, 당시 조선에서 끌려간 위안부들이 짐승보다 못한 취급을 받았던 사실을 낱낱이 고발함으로써 일제의 잔악상이 전 세계에 여지없이 드러났습니다.

국가적인 수모를 다시 당하지 않으려면 이 비통한 역사의 흔적을 지속적으로 연구하고 세밀히 살펴서 우리 후손들이 그 진상을 똑똑히 기억할 수 있도록 부지런히 가르쳐 주어야 합니다. 다시는 내 나라를 잃어버리면 안 된다는 사실, 그리고 나라의 주권을 빼앗겨서는 안 되는 이유를 거듭거듭 우리의 후대에게 각인시켜 주어야 합니다.

징용과 징병으로 끌려가 무수한 채찍 속에서 몸이 부서지도록 노예생활을 했던 대한의 젊은 아들들, 위안부로 꽃다운 청춘을 강제로 빼앗겨 밤낮으로 고향산천과 부모를 그리워하며 낯선 타향에서 눈물과 아픔 속에 지내었을 우리 대한의 젊은 딸들의 희생, 그것이 대한민국 해방의 밑거름이 되었습니다. 무참히 학살을 당했거나 끝내 고향 땅을 다시 밟지 못하고 타향에서 슬픔과 외로움을 삭히다가 쓸쓸히 눈감아야 했던 분들... 지금 발전한 대한민국의 밑뿌리에는 이토록 비통하고 아프고 피눈물 나는 고귀한 희생이 있었습니다. 대한민국 국민이라면, 그분들의 처절했던 희생을 기억하고 마음에 깊이 새기고 또 새겨야 하겠습니다.

일제 36년간의 혹독한 수난과 치욕과 압박을 겪은 세대들은, 감히 말로 글로 표현할 수 없는 비참하고 끔찍스러운 고통을 견뎌 냈습니다. 일제는 태평양전쟁(太平洋戰爭) 말기에 접어들면서 조선의 청장년을 징병과 징용으로 끌어가고 젊은 여성들을 종군 위안부라는 이름 아래 강제로 동원했습니다. 우리 민족의 대를 이을 젊은 남녀 대부분이 끌려감으로써, 이 땅에는 어린이와 노인들만 남게 되었습니다. 일제의 조선 여성에 대한 강제 종군 위안부 정책은, 당장은 일본군의 성적 욕구를 동물적으로 처리하는 수단이었으나, 궁극적으로는 조선 민족을 말살하려는 음모가 숨어 있었던 사실도 잊어서는 안 됩니다. 만약 일제(日帝)의 패망이 조금이라도 더 늦었더라면, 조선인의 출산율은 급격히 떨어져 대한민국은 민족 단절이라는 최대 위기를 맞게 되었을 것입니다.

[참고문헌]
- 한국정신대연구소, 「중국으로 끌려간 조선인 군위안부들 2」 (한울, 2003)
- 한국정신대연구소, 「강제로 끌려간 조선인 군위안부들 2,3,5」 (풀빛, 2001)
- 스즈키 유코, 「일본군 위안부 문제와 젠더」, 이성순·한예린 옮김 (나남, 2010)
- 정진성, 「일본군 성노예제」 (서울대학교출판부, 2005)
- 할머니 그림전 실행위원회, 「봉선화에 부치는 고백」 (깊은자유, 2000)
- 한국 정신대문제대책협의회 부설 전쟁과 여성인권센터연구팀, 「역사를 만드는 이야기」 (여성과 인권, 2004)

7. 결론
용서하라, 그러나 잊지는 말라

Conclusion
Forgive, but remember

일제는 조선 사람에 대한 민족적 차별, 기회 박탈, 언론·신앙·결사 자유의 박탈과 함께 무수한 단체를 탄압하고 해산시키면서 온갖 만행을 자행하였습니다. 또한 해외 출입과 교육을 금지했습니다. 집안에 있는 모든 쇠붙이는 공출(供出)[84]이라는 명목으로 일제가 다 빼앗았고, 조선 말과 조선 문자의 사용을 금지했습니다.

　학교에서는 국사를 가르치지 못하게 하고 일본사를 가르쳤고, 일본 노래를 가르쳐 완전히 일본화하는 교육을 했습니다. 이를 거부했던 숭실학교와 숭의여학교가 폐교되었고, 기독교인 2,000여 명이 수감됐으며, 50여 명이 감옥에서 죽었습니다. 지방행정구역도 동리 단위에 이르기까지 대대적으로 통폐합하여 사소한 일까지 모두 일제의 간섭 혹은 관청의 허가를 받도록 하였습니다.

　동양척식주식회사(東洋拓殖株式會社)를 만들어 우리나라의 옥토 40%를 강제로 빼앗아 일본 소유로 하고, 그 땅을 소작인에게 빌려주어 50%가 넘는 고율의 소작료를 징수하고, 춘궁기에 영세 소작농에게 빌려 준 곡물에 대해서는 20% 이상의 고리를 추수 때 현물로 수탈했습니다. 특히, 일본은 각종 특혜를 주면서 1910-1926년에 17회에 걸쳐 일본인 이민 희망자 약 1만 명을 엄선하여 조선침략의 담당자로 활용했습니다. 이들 이주민은 경기·경상·전라·황해·충청도에 가장 많았는데, 그들은 조선 민중을 착취하고 압박한 일제의 대변자이며 앞잡이였습니다. 소작인에 대한 수탈을 견디지 못한 백성의 대규모 해외 이주가 시작되었는데, 1933년까지 일본으로 113만 5,852명, 만주와 연해주로 150만여 명이 이주한 것으로 집계됩니다.

　1926년 12월 28일 의열단원 나석주 열사가 동양척식주식회사 간부를 죽이고 조선식산은행과 동양척식주식회사를 기습하여 폭탄을 던졌던 사건은, 바로 이러한 민족적 증오의 한 표출이었습니다.

---

84) 일제(日帝)가 식량·물자 등을 민간에게 강제적으로 바치게 한 일

급기야 한국인의 성(姓)과 이름을 일본식으로 바꾸는 창씨개명과 단발령, 국사에 관한 서적 20여만 권의 소각, 교과서를 비롯한 애국심과 독립정신을 담은 책과 잡지의 몰수, 유물과 유적의 파괴 등으로 민족혼까지 말살하려 했습니다. 학교 교사 중 남자는 군인처럼 제복을 입고 칼을 참으로써, 한국인들이 감히 저항할 생각조차 못하도록 기를 죽였습니다.

그러고도 일제는 우리나라를 가리켜 '나라를 빼앗기고도 분통해하지 않는 나약한 열등 민족'이라고 조소하는가 하면, '한민족이 일본의 식민통치에 기쁜 마음으로 복종한다.'라고 세계에 거짓 선전을 했습니다. 그리고 대한민국을 '미개하고 낙후된 나라'라고 경멸하면서 일본인들 밑에 두고 종처럼 부려먹을 민족으로 만들려 하였습니다.

우리는 발전한 조국의 현실이, 과거의 모진 비극과 연결되어 있음을 결코 잊지 말아야 합니다. 오늘날의 대한민국이 하루아침에 이루어졌습니까? 쌀이 없어서 쑥을 캐다 먹고 소나무 껍질로 양식을 대신하고, 무밥, 술지게미(술찌끼), 진저리 밥으로 허기를 달래던 일제 강점기의 쓰라린 가난을 잊어서는 안 될 것입니다. 대한민국 국민이라면 일본 사람들에게 당한 잔악무도한 만행을 결코 잊어서는 안 됩니다. 사람으로서 도저히 견디기 힘든 비참한 수욕을 36년간이나 당했는데, 그것을 까마득히 잊어버린다면 또다시 그런 비극을 당하게 될지도 모릅니다.

1933년 1월 30일부터 시작하여 1945년 5월 8일에 끝난 독일 나치에 의한 600만 유대인 대학살(holocaust)은, 디아스포라 유대인의 역사에서뿐만 아니라 인류 역사상 최악의 비극이 아닐 수 없습니다. 이스라엘의 예루살렘과 유대인들이 정착한 세계 곳곳에는 나치에게 학살된 600만 명 유대인의 넋을 기리기 위한 '야드 바쉠 홀로코스트 역사 박물관'(Yad Vashem Holocaust History Museum)이 있습니다. 그 뜻은 '희생된 사람들의 이름을 기억하라'라는 뜻입니다. 그에 걸맞게 박물관 끝에는 '이름들의 홀(Hall of Names)'이라는 원뿔형 건물이 있는데, 희생자 260만 명의 사진과 이름이 20개 이상 언어로 둥근 벽면 전체를 빼곡히 메우고 있습니다. 뿐만 아니라 최근 유대인들은 그 희생자들의 신상을 파악하기 위해 최근 2,200억 달러를 투자하여 320만 명의 신상정보를 공개하기도 했습니다. 아무리 엄청난 비용이 들더라도 쓰라린 역사를 세상 사람들이 잊지 않도록 계속 노력하고 있는 것입니다. 1971년 독일총리 브란트는 무릎을 꿇고 진심어린 사죄를 하며 "역사에 눈 감는 자 미래를 볼 수 없다"라는 말을 남겼습니다. 과거의 역사는 곧 현재 우리의 뿌리입니다. 나라의 밝은 미래는 과거 역사에 대한 철저한 되새김질에서 가능하게 됩니다. 박물관 전시관의 출구 옆 야드 바쉠 전시실 2층 동판에 다음과 같은 문구가 새겨져 있습니다.

"Forgetfulness leads to exile, while remembrance is the secret of redemption."

(망각은 포로 상태로 이어지나 기억은 구원의 비밀이다.)

또한 기념관 출입구에는 살점이 완전히 도려내어진 뼈만 남은 물고기가 방문객을 뚫어지게 응시하고 있는데, 그 곁엔 다음과 같은 표어가 적혀 있습니다.

"Forgive, but remember." (용서하라, 그러나 잊지는 말라)

역사를 기억하지 않으면 다시 비참한 신분으로 떨어질 수밖에 없다는 유대인의 뼈아픈 참회와 깨달음을 엿볼 수 있습니다.

또한 예루살렘의 '하르 하지카론'(Har Hazikaron) 곧 '기억의

산'(the Mount of Remembrance)에는 야드 바쉠 박물관뿐만 아니라 전시장, 기록 보관소, 기념물, 조각품과 기념비 등 여러 건물들로 이어지는 어마어마하게 넓고 거대한 단지가 조성되어 있는데, 단지를 연결하는 길 좌우에는 600만 그루의 가로수가 심겨져 있으며, 각 나무 밑에는 희생자의 이름이 모자이크로 수놓아져 있습니다. 그들은 과거 독일인들에게 희생된 600만 명의 넋을 달래고 그들을 기념하기 위해 600만 그루의 나무를 심어 국토를 초록색 융단같이 만들어 놓은 것입니다.

한편, 박물관 건물 전체는 콘크리트로 만들어졌습니다. 그 이유는 콘크리트는 파괴되거나 손상되지 않는 재료이기 때문에 나치가 자행한 끔찍한 대학살의 기억이 절대로 파괴되거나 손상되지 않아야 한다는 것을 상징한 것입니다. 예루살렘 외에도 유대인이 많이 거주하고 있는 세계 곳곳에는 홀로코스트 박물관 및 추모관들이 세워져 있습니다.

우리나라 역시, 오늘날 눈부신 발전을 이루어 세계 정상들과 어깨를 나란히 하기까지 눈에 보이지 않는 수많은 희생이 있었습니다. 현재 대한민국 국민은 한 사람도 예외 없이 그 희생자들의 터 위에 세움을 입은 사람들입니다. 우리도 저 유대인들처럼 참혹한 과거의 참상과 조국의 안녕을 위해 초개와 같이 버려진 그 고귀한 희생을 잊지 말고 오늘에 아로새기는 위대한 민족의식 고취가 절대적으로 필요합니다. 36년 망국의 설움 끝에 되찾은 조국의 소중함과 억압 속에 신음하다가 되찾은 자유의 가치를 우리 후손들에게 되새겨 주면서, 이 민족의 승리적인 앞날을 구축해 나아가야 하겠습니다.

해방 후 66년, 이제 대한민국은 세계가 깜짝 놀랄 만한 경이적인 경제성장과 국력신장을 이룩하였습니다. 그러나 여전히 북한 공산당은 적화야욕을 버리지 않고 호시탐탐 남침을 노리고 있으며, 좌우익의 대결로 인한 국론 분열, 지방색, 세대 간의 갈등 등으로 순식간에 모든 것을 잃어버리고 혼란에 빠질 수 있는 위험이 나라 곳곳에 도사리고 있습니다. 이러한 때에 우리는 일제가 우리나라를 침탈한 역사를 거울삼아 더욱 국력을 신장시키고 전 국민이 우국충정의 일념으로 하나 되어, 애국가의 가사대로 "무궁화 삼천리 화려강산"을 길이 보존하여 후손들에게 대대로 물려주어야 할 것입니다.

일제 시대 망국민족의 한(恨)을 노래한 전통 가요

Songs of grief sung by a destroyed nation during the Japanese occupation era

우리 민족은 반도국가라는 지리적인 특성 때문에 예로부터 많은 외세의 침략을 받으며 고난과 시련을 겪어 왔습니다. 하지만 워낙 풍류를 좋아하는 민족적인 바탕 때문에, 그렇게도 모질고 험한 역사 속에서도 우리 민족만의 여유로움과 멋을 잃지 않고 찬란한 문화를 남겼습니다. 인생이 있는 곳에 희로애락(喜怒哀樂)이 있고 희로애락이 있는 곳에 반드시 노래가 있기 마련입니다. 우리 민족은 절기뿐만 아니라 농사를 지을 때나 일상생활 속에서 늘 노래를 부르며 자신들의 감정과 생각, 소망을 표현하였습니다. 우리의 전통가요에는 수많은 외세에 시달려 고난 가운데 살아온 조상들의 애환이 고스란히 녹아 있습니다. 한평생 흙을 주무르며 거룩한 작품을 탄생시키는 토기장이의 얼굴엔 깊게 패인 주름이 세월의 흔적으로 생생히 남아 있듯이, 흘러간 노래에는 민족의 애환이 우리의 가슴 속 심장처럼 뜨겁게 박동하고 있습니다.

  금수강산 구석구석 살아 숨쉬는 우리의 정신, 그 속에 녹아 있는 끈끈한 우리의 가락, 정 많은 민족의 따스한 마음 씀씀이를 찾아볼 수 있는 우리의 가락이 있기에 더욱 우리의 옛 노래가 소중하게 느껴집니다. 나라가 어렵고 우리의 살림이 어려울 때, 노래는 우리 민족의 숨결이자 친한 벗이었고, 우리의 마음을 달래 주는 참된 위로자요, 부모님의 따뜻한 품 같은 것이었습니다.

  그러므로 근현대사의 자취를 담고 있는 흘러간 옛 노래를 부를 때, 우리 민족의 말할 수 없는 고난과 고통, 하늘을 향해 울부짖던 아픔들을 깊이 생각해 보시길 바랍니다. 황성옛터가 그러했고 타향살이가 그러했듯이, 우리의 흘러간 옛 노래를 보면 그 속에서 각 시대 배경과 거기에 담긴 우리 민족의 구구절절한 사연들을 알 수 있습니다. 가사 속에서 망국의 설움을 다시 한 번 되새길 수 있는 기회가 되었으면 하는 것이 불초한 사람의 바람입니다.

1. 황성옛터

일제 강점기 36년은 우리나라의 유구한 역사 이래 최악의 수난기요, 수치의 역사였습니다. 일제의 식민지 노예로 전락한 우리 민족의 슬픔은 너무도 처절하였습니다. 아무리 맑고 푸른 하늘을 보아도 조국을 빼앗긴 서러움 때문에 구름 낀 하늘이요, 아름답게 노래하는 새소리도 슬피 우는 소리로 들릴 뿐이었습니다. 당시 조선인이라면 1928년에 발표된 '황성옛터'를 듣고 망국의 설움에 울지 않은 사람이 없었습니다. 황성옛터의 본 제목은 '황성의 적'[85]이며, 일제 시대 항일 노래 작사가 왕평(본명: 이응호, 1908-1940년)씨가 작사하고, 작곡가이자 바이올리니스트인 전수린(1907-1984년)씨가 곡을 붙였습니다.

1절) 황성옛터에 밤이 되니 월색만 고요해
　　　폐허에 서린 회포[86]를 말하여 주노라
　　　아- 외로운 저 나그네 홀로 잠 못 이뤄
　　　구슬픈 벌레 소리에 말없이 눈물져요
2절) 성은 허물어져 빈터인데 방초[87]만 푸르러
　　　세상이 허무한 것을 말하여 주노라
　　　아- 가엾다 이 내 몸은 그 무엇 찾으려
　　　덧없는 꿈의 거리를 헤매어 왔노라
3절) 나는 가리로다 끝이 없이 이 발길 닿는 곳
　　　산을 넘고 물을 건너서 정처가 없이도
　　　아- 한없는 이 심사를 가슴속 깊이 품고
　　　이 몸은 흘러서 가노니 옛터야 잘 있거라

---

[85] 황제 황(皇), 나라 성(城), 발자취 적(跡): 왕의 성 곧 궁궐의 흔적
[86] 회포(懷抱): 마음속에 품은 생각이나 정
[87] 방초(芳草): 향기로운 풀

황성옛터의 '황성'은 왕의 성을 뜻하는 것으로, 왕조가 망하고 폐허가 된 성을 보면서 망국의 한을 달랜다는 내용입니다.

'황성옛터'로 널리 알려진 개성 만월대(滿月臺)는 개성시 송악동 송악산 남쪽 기슭에 위치한 고려의 옛 궁궐터입니다. 만월대는 919년(태조2년)에 창건된 이래 1361년(공민왕10년) 홍건적에 의해 소실되기까지 34대 455년간 흥망성쇠를 함께한 고려의 도읍지이며, 작곡가 전수린의 고향이기도 합니다. 고려가 망한 이후 그 화려하고 장대했던 개성 만월대는 600여 년간 폐허로 남아 있었습니다(해방 후 발굴).

이 노래가 창작된 배경에는 다음과 같은 사연이 담겨 있습니다. 1928년 늦가을, 악극단 취성좌(후에 조선연극사) 단원들이 만주 일대에서 신의주, 평양까지 공연을 마치고 황해도를 바라보는 온천지백천으로 와서 여관에 머물 때였습니다. 비가 내려 공연을 할 수 없어 모두 여관에 있으면서 며칠 동안 굶주려 배고픈 나날을 보내고 있었습니다.

극단의 배경음악 연주자였던 바이올리니스트 전수린과 왕평이 고려의 영화를 되새기며 만월대 옛터를 찾아갔으나 풀벌레 우는 소리만 쓸쓸하게 울려 퍼질 뿐이었습니다. 550년 전 번성하던 고려의 왕도(王都) 개성의 영화는 온데간데없이 폐허가 되었고, 무성한 잡초 속에 묻혀 있는 옛 궁궐의 주춧돌과 흐트러진 성벽의 일부만 초라하게 남아 있었습니다. 전수린과 왕평은 권력의 무상함과 나라 잃은 사람들의 아픔을 생각하면서, 그 초라한 옛터의 모습이 지금 일제 치하에 있는 민족의 서글픈 신세와 다를 바 없음을 떠올린 것입니다. 여관으로 돌아와 만월대의 밤을 회상한 전수린은 바이올린을 들어 즉흥적으로 연주하여 오선지에 옮겼고, 그 멜로디에 왕평이 가사를 붙였습니다. 망국의 비애와 함께 떠돌이 악극단원으로서 나그

네 신세의 서글픔이 교차해 한동안 오열했다고 합니다.

  1928년, 악극단 취성좌가 순회공연을 마치고 서울로 돌아와 극장 단성사에서 연극 공연의 막간에 이애리수(18세)[88]가 이 노래를 불러 관객들의 심금을 울렸습니다. 이애리수 자신도 가슴에 밀려드는 망국의 설움을 선율에 담아 부르면서 비통한 감정을 가누지 못하여 3절을 부르다가 터져 나오는 눈물을 참지 못해 울어 버리고 말았습니다. 그녀는 관례대로 관객들에게 거듭 허리 굽혀 인사하며 울먹인 것에 양해를 구했으나, 객석에서는 오히려 폭풍 같은 박수가 터져 나왔습니다. 이애리수는 다시 마음을 가다듬고 3절을 불렀습니다. 그러나 노래 반, 울음 반이 되고 말았습니다. 가수도 관객들도 쏟아

---

[88] · 1911년 경기도 개성 출신
- · 1922년 민중극단 단원
- · 1927-1929년 극단 취성좌 단원
- · 1929년 황성옛터 대히트
- · 1930-1932년 3월 극단 조선연극사 단원
- · 1930년 강남제비 취입, 정식 데뷔
- · 1931년 콜럼비아 레코드사에서 '메리의 노래', '라인강', '부활' 등 번안곡 취입
- · 1932년 빅터 레코드사에서 '황성의 적' 발표
- · 1934년 '꽃각시 설움' 취입 후 결혼
- · 대표곡: 황성옛터, 강남제비, 여창, 버리지 말아요, 메리의 노래, 오동꽃, 포구의 밤 등.
- · 이애리수는 22세 때 연희전문학교(지금의 연세대) 재학생 배동필씨를 만나 결혼을 약속했지만 배동필씨 부친의 완강한 반대에 부딪혔다. 그러나 아들의 자살소동까지 일어나자 부친은 이애리수가 가수라는 사실을 주변 모든 사람에게 발설하지 않고 결혼식도 올리지 않는다는 조건으로 결혼을 승낙했다. 이애리수는 시아버지의 함구령대로 80여 년을 자신이 가수라는 사실을 숨긴 채 오로지 배동필씨의 아내이자 2남 7녀의 어머니로서 살았다. 심지어 맏아들조차 "대학에 들어가고 나서야 어머니가 가수라는 사실을 처음 알았다."라고 말할 정도였다. 2008년 10월 28일자 '한국일보'에 '황성옛터의 가수 이애리수 98세로 생존'이라는 기사로 경기도 일산 백송마을의 한 아파트형 요양원에서 가족들의 보살핌을 받으며 생존해 있는 것으로 확인되어 화제가 된 바 있다. 그 후 2009년 3월 31일 향년 99세로 같은 요양원에서 운명했다.

지는 눈물을 참지 못하였고, 떠나갈 듯한 박수 속에 앙코르가 요구되어 다음 막의 연극을 시작해야 한다는 사회자의 말은 묻히고, 관중들은 열광하며 따라 불렀습니다. 그래서 이 노래는 언제나 3절에 이르면 가수와 관중 모두가 노래 반, 눈물 반이 되어 버렸습니다. 관객들의 거듭되는 재청에 이애리수는 다시 나와 노래를 부르지 않으면 안 되었습니다. 이 사건 이후 이애리수는 일약 스타가 되어 첫 '국민가수'로 불리게 되었고, 사람들은 연극 공연보다도 이애리수의 노래를 듣기 위해 극장에 모여들어 장내는 늘 초만원을 이루었습니다.

심지어 1929년에는 막간에 나와 노래 부르기로 한 이애리수가 출연하지 않자, 관객들이 거세게 항의하는 바람에 공연이 중단되고 경찰이 출동하는 일도 있었습니다. 이 후 빅터 레코드사를 통해 1932년 정식으로 음반을 낸 '황성옛터'는 5만 장이나 팔려 당시 대중가요 역사에 한 획을 그었습니다. '황성옛터'는 발표 당시엔 나라 잃은 설움을 달래 준 민족의 노래로 대중의 눈물샘을 자극했고, 이 후 박정희 대통령의 애창곡이 되었으며, 지금까지 많은 대중에게 널리 불리는 불후의 명곡이 되었습니다.

또한 이 노래는 망해 버린 고려 왕조의 사적을 통해 역사적 비애를 떠올리게 하고, 곧 일제에 의해 짓밟혀 아무 소망 없는 황무지처럼 되어 버린 식민지 현실을 자각하게 하였습니다. 현대인의 시각으로는 '황성옛터'가 너무 소극적이고 퇴영적(退嬰的)[89]이라는 비판을 할 수도 있습니다. 그러나 힘이 없어 넋두리조차도 자유롭게 할 수 없는 시대의 서러움을 정확하게 건드려 주었기에 '황성옛터'에 대한 당시 민중의 반응은 뜨거웠습니다. 그렇게 민족정서가 강한 노

---

89) 낮은 수준이나 그 단계에 머무르거나 뒤처진 상태에 있는 (것)

래였기 때문에 일제 당국은 이 노래로 민족적 집단의식이 생길 것을 우려하여 주시하였고, 공연이 있을 때마다 이 노래로 눈물의 합창을 하자, 종로서의 임석 일본 경관이 무대 위로 올라가 공연을 중단시켰으며, 후에 금지곡 처분을 내려 강력하게 탄압하였습니다.

이 노래의 작사가 왕평과 작곡가 전수린은 종로서에 끌려가 밤새 조사를 받고서야 풀려났으며, 대구의 한 보통학교에서 음악 시간에 이 노래를 가르친 교사는 파면을 당하기도 했습니다. 가수 진방남(작사가 반야월)이 신인가수 시절에 이 노래를 무대에서 부르다가 일본 순사에게 끌려가서 혹독하게 문초를 받고 겨우 풀려 나오기도 했습니다. 그럼에도 이 노래가 지속적으로 사랑받으며 불렸던 것은, 그 무렵 일제의 탄압과 압제가 가중되어 이를 견디다 못해 괴나리봇짐을 메고 고향산천을 등지고 만주로 떠나는 자가 많았고, 그렇게 나라를 빼앗긴 서러움과 회한, 민족적 울분을 토해 내는 노래였기 때문일 것입니다.

실로, 황성옛터는 일제 형극(荊棘)의 36년 그 모진 세월 속에 함께 울고 몸부림치며 불렀던 우리 민족사에 길이 남을 옛 노래입니다.

2. 울 밑에 선 봉선화

3·1독립운동 이후 뜻 있는 독립운동가들은 일제의 검거를 피해 해외로 망명하는가 하면 깊은 산중에 몸을 숨겨야 했습니다. 그 당시 애국지사들과 억압받던 백성들이 말할 수 없는 고생과 한숨 속에서 독립을 염원하고, 또 조국 강산을 그리면서 불렀던 노래가 '울 밑에 선 봉선화'(순수 우리말로는 '봉숭아')입니다.

1절) 울 밑에 선 봉선화야 네 모양이 처량하다
     길고 긴 날 여름철에 아름답게 꽃필 적에
     어여쁘신 아가씨들 너를 반겨 놀았도다
2절) 어언간에 여름 가고 가을 바람 솔솔 불어
     아름다운 꽃송이를 모질게도 침노하니
     낙화로다 늙어졌다 네 모양이 처량하다
3절) 북풍한설 찬바람에 네 형체가 없어져도
     평화로운 꿈을 꾸는 너의 혼은 예 있으니
     화창스런 봄바람에 회생키를 바라노라

조선 최초의 예술 가곡인 이 노래가 발표된 해는, 1919년 기미년 3·1독립운동의 열기가 아직 채 식지 않은 1920년이었습니다. 일제시대 우리 민족의 애환이 깃들인 민족의 주제가요, 조선 독립을 애타게 기다리던 백성들의 소원을 대변하는 노래였습니다.

이 노래는 우리나라 근대음악의 선구자인 홍난파의 첫 작품으로, 한국 가곡의 효시로 꼽히는 곡이며, 조선 양악계의 선구자 가운데 한 사람인 김형준씨가 시를 붙였습니다. 그 곡조의 멜로디는 느린 템포이면서 안정감이 있고 그 가락이 우리나라 구전 민요인 아리랑처럼 아주 완벽합니다.

 이 노래는 일제에게 수난하는 이 나라 백성을 연약한 봉선화에 비유하여, 우리 민족의 신세가 저 봉선화 같다는 역사적 사연을 담고 있습니다. 그것은 일제의 압제에 수난하는 아픔이고 나라 잃은 설움과 울분입니다. 그러나 거기 일제의 총칼에 끝까지 굴하지 않는 강인한 생명력과 민족혼이 살아 있습니다. 실로 몇 번을 쓰러져도 다시 일어나며, 다 죽은 줄 알았는데 다시 살아나는 강인한 생명력이 이 민족의 가슴에 끝없이 솟구치고 있음을 구구절절 힘 있게 외치면서 꼭 그렇게 되기를 염원하고 있는 것입니다.

 봉선화는, 꽃이 필 때 우뚝 일어선 모양이 봉황새와 닮아 봉선화(鳳仙花)라는 이름이 붙여졌으며, 순수 우리말로는 '봉숭아'입니다. 봉선화는 우리나라 전국 각 지역에 고루 분포되어 있어 흔히 볼 수 있는 꽃으로, 고려 시대 이전부터 심어 온 것으로 알려져 있습니다. 예부터 소녀들은 초가을이면 봉선화 꽃잎과 백반을 함께 섞어 찧어서 손톱에 물을 들이곤 했습니다. 가뭄에 강하며 햇볕이 잘 드는 곳이면 어디서든 잘 자랍니다.
 4-5월에 씨를 뿌리면 6월 말부터 꽃피기 시작하여 7-8월이면 분홍색, 붉은색, 주황색, 보라색, 흰색 등이 홑꽃, 겹꽃으로 잎겨드랑이에 1-3송이씩 피어 절정을 이루게 됩니다. 첫서리가 내리는 10월 말까지 4-5개월 동안 오래 꽃을 피우며, 한겨울 혹한에도 그 씨가 얼어 죽지 않고 견디다가 그 이듬해 봄이면 어김없이 그 주변 어딘가에서 다시 피어 나옵니다.

 화려한 정원이 아닌 울 밑이나 장독대 아래 수줍은 듯 피어난 봉선화의 자태는 아리따우면서도 순박하며, 무성한 봉선화 잎 사이로 슬며시 고개를 내밀면서 누군가를 몹시 그리워하는 모습을 연상시킵니다. 실제로 봉선화와 친구가 되어 함께 놀아 준 사람들은 모두 그렇게 때 묻지 않은 순박한 촌 아가씨들이었습니다.

이 노래의 1, 2, 3절은, 봉선화가 개화하여 여름철 한창일 때부터 가을에 낙화하고, 겨울을 지나 이듬해 봄에 다시 피어나는 때까지를, 일제하에 신음하는 우리 민족의 쓰라림과 서러움에 적절히 빗대어 표현하고 있습니다.

1절에 나오는 '울 밑에 선 봉선화'는 순박하고 때 묻지 않은 우리 민족을 가리킵니다. 그런데 '그 모양이 처량하다'라는 것은 이 노래 전체를 대변하는 표현으로, 일제의 압제를 받고 있는 우리 민족의 초라하고 너무도 딱한 처지를 나타냅니다. '길고 긴 날'은 반만년 유구한 우리 민족의 역사와 그 긴 생명력을 가리키는 듯합니다. '여름철에 아름답게 꽃필 적에'는 봉선화 꽃이 한참 아름답게 피어나는 자태를 노래한 것으로, 우리 민족이 개화기(開花期)를 맞아 새로운 도약과 발전을 할 수 있는 시대였음을 보여 줍니다.

2절에서는 모진 가을바람에 생명을 마감하고 힘없이 떨어지는 봉선화 꽃의 처량한 모습을 읊었습니다. 여름 내내 그토록 만발하여 한창이던 꽃송이가 가을바람에 침노를 당해 땅바닥에 떨어져 시들고 보잘것없이 되어 버린 그것이, 꼭 일제에게 짓밟히면서도 제대로 저항 한 번 못 해 보고 어느새 상할 대로 상해 버린 조국의 비운 같고 이 민족의 처량하고 불쌍한 신세와 같아서 한탄한 것입니다. 일본인들이 우리 민족에게 차마 못 할 짓을 거듭하여 그 잔학상이 끔찍했고, 우리 민족의 수난과 시달림이 극에 달했던 상황이 우리의 가슴을 저미게 하는 표현입니다.

이 노래의 절정은 3절에 있습니다. "네 형체가 없어져도... 너의 혼은 예 있으니"라고 노래하였습니다. 봉선화가 겨울을 지나 이듬해 봄에 여전히 아름다운 모습으로 새롭게 피어나는 강인한 생명력이 노랫말 속에 나타나 있습니다. 봉선화는 꽃잎이 다 떨어질 즈음 열매가 익으면 잔뜩 부풀었다가 조금만 건드려도 꼬투리가 톡 터지는 그 힘으로 씨앗이 튕겨져 나옵니다. 그래서 봉선화의 꽃말은 '나를 건드리지 마세요(touch-me-not)'인데, 튀어 나간 씨앗들은 대부분 모양이 둥글고 표면이 매끈하여 이리저리 잘 굴러다니다가 그 이듬해에는 같은 자리에 어김없이 더 수북하게 움돋아 자랍니다.

이렇게 실제로는 무언가에 닿아 열매가 터져야만 씨앗이 번식되듯이, 우리 민족이 외세의 침략으로 숱한 수난을 겪으면서도 꿋꿋하게 생명을 이어 온 모습을 봉선화의 생명력에 빗대어 표현했던 것입니다. 그래서 3절은 이 노래의 절정을 이루면서, 북풍한설 모진 찬바람에 형골(형체)마저 사라질지라도 생명을 잉태한 씨가 사방으로 흩뿌려져 대지 위에 힘차게 뿌리를 내려 다시 움터 오르듯이, 우리의 민족혼은 결코 죽지 않고 길이 남아서, 찾아온 새봄에 다시 살아난다는 조국 해방에 대한 민족적 염원을 처절하게 절규한 노래인 것입니다. 구한말과 일제시대 독립운동가 겸 역사학자인 백암 박은식(朴殷植, 1859.9.30-1925.11.1)은 그의 저서 「한국통사(韓國痛史)」 서문에서 "나라는 멸할 수 있으나 역사는 멸할 수 없다. 나라는 형체이고 역사는 정신이다. 정신이 소멸하지 않으면 나라는 언젠가는 소생할 것이다"라고 말하였습니다.

봉숭아 가사 1, 2, 3절 구석구석에는 폐부를 찌르며 스며드는 우리 민족의 시대적 슬픔과 짓눌린 아픔, 그리고 애절한 소원이 담겨 있습니다. 그래서 얼핏 들으면 애처로우나, 사실은 가슴에 희망과 용기를 북돋워 주는 곡이었습니다.

이 노래가 널리 퍼져 모든 사람의 심금을 울리게 된 것은, 이 노래가 발표되고 약 20여 년이 지나 작곡가 홍난파가 죽고(1941년) 난 이듬해인 1942년이었습니다. 소프라노 가수 김천애[90] 씨(당시 23세)가 동경의 히비야 공회당에서 처음으로 열린 각 음대 졸업생 대표들만 참석하는 신인 발표회에서 독일 가곡을 부른 후 앙코르송으로 봉선화를 부른 때부터입니다. 공연이 끝나자 청중들의 박수갈채에 공연장이 떠나갈 듯했고, 교포들은 무대 뒤로 찾아와 김천애 씨를 부둥켜안고 눈물을 흘렸습니다. 귀국한 김천애 씨는 어디든 무대에 설 때마다 소복 차림으로 이 노래를 불러 청중들의 심금을 울렸습니다. 일제는 봉선화의 가사를 문제 삼아 가창 금지는 물론, 빅터 레코드사에서 제작된 음반까지 판매를 금지하였습니다. 기회가 있을 때마다 무대에서 봉선화를 불렀던 김천애 씨는 일제 경찰에 여러 차례 잡혀가 모진 고초를 당하였고, 뿐만 아니라 일제는 봉선화 노래를 부르기만 해도 붙잡아 가곤 했습니다. 실제로 봉선화를 부른

---

[90] • 대중가요를 신민요라 불렀던, 유성기(축음기) 시대의 3대 명곡을 꼽으라면 윤심덕의 '사의 찬미(1926년)', 이애리수의 '황성의 적(1932년)', 그리고 이난영의 '목포의 눈물(1935년)'을 들 수 있다.
• 김천애(金天愛. 1919-1995년 3월 30일): 1919년 평남 강서에서 태어났으며, 음악을 좋아하던 아버지(감리교 목사)의 영향으로 평양 정의여고를 졸업 후 일본으로 유학을 떠나 일본 무사시노 음악학교 성악과를 졸업하였고, 무사시노 음대 졸업생 대표로 선발될 만큼 천부적인 가창력을 인정받았다. 만주 신경음악원 성악원장, 서울대학교 음악대학 교수와 숙명여자대학교 음악대학장을 역임하면서 국내 음악발전에 크게 공헌하였으며, 1995년 3월 30일 미국 LA에서 노환으로 별세하였다(향년 76세).

학생들을 잡아다가 의자에 묶어 놓고 집게로 혀를 뽑아서 죽인 일이 있으며, 잡혀 간 사람의 수가 밝혀진 것만 386명이었다고 합니다.[91]

일제의 만행을 경험한 세대라면 36년간의 고생과 치욕을 잊지 못할 것입니다. 당시 우리 국민들은 일제의 총칼 아래 짓밟혀 인권은 말할 것도 없고 재물까지도 강제로 약탈을 당하였습니다. 먹고 살 길이 막막하여 풀뿌리와 나무껍질로 연명하며 그야말로 죽지 못해 살았습니다. 민족 전체의 삶이 너무도 모질고 험한 가시밭길 그 자체였던 것입니다.

그렇게 일제에게 억압당하고 짓눌려 민족적 울분이 극에 달했으나 노골적으로 표현할 수 없었던 우리 민족은, 봉선화에 망국의 슬픔을 담아 노래로 달랬으며, 몰래 숨어 목이 메도록 이 노래를 부르면서 독립에 대한 염원을 울부짖었습니다. 특히 8·15해방 직전 일제에 의한 민족적 억압이 극에 달했을 때, 일제에게 붙잡혀 처형되기 전에 '울 밑에 선 봉선화'를 마지막으로 부르고 형장의 이슬로 사라져 간 독립운동가와 애국지사들이 많았습니다.

실로 '울 밑에 선 봉선화'는 나라 잃은 설움으로 사무친 우리 민족에게 큰 위로와 용기를 주었던 노래이면서 일제 시대의 처절했던 시대상을 함축하고 있는 민족 가곡으로, 우리 민족사에 그리고 우리 가슴에 영원히 남아 있을 것입니다.

---

91) 2001년 11월 17일, iTV에서 '곽연 교수와 함께하는 대중가요 들여다보기(8·15이후-현재)'를 주제로 방영될 때, 고려대학교 곽연 교수가 발표한 내용이다.

3. 눈물 젖은 두만강

　우리 조상들은 일제 강점기에 독립운동을 하면서 수많은 좌절을 겪었습니다. 독립투사가 되어 두만강을 건너 집을 떠난 남편, 그리고 아들의 생사를 확인할 길이 없어 피눈물을 흘리는 일이 많았습니다.
　1930년대에 두만강 나루는 살 길을 찾아 중국으로 건너가는 실향민[92]들과 독립군에 지원하여 언제 돌아온다는 기약도 없이 낯선 타국 땅으로 떠나가는 청장년들로 붐비었습니다. 그래서 두만강 나루는 사랑하는 남편, 아들과 이별하는 여인들의 오열이 하루도 그칠 새가 없었습니다. 그때의 민족 애환을 담은 노래가 바로 1930년대에 발표된 '눈물 젖은 두만강'입니다.

　1절) 두만강 푸른 물에 노 젓는 뱃사공
　흘러간 그 옛날에 내 님을 싣고 떠나간 그 배는 어디로 갔소
　그리운 내 님이여 그리운 내 님이여 언제나 오려나
　2절) 강물도 달밤이면 목메어 우는데
　님 잃은 이 사람도 한숨을 쉬니 추억에 목메인 애달픈 하소
　그리운 내 님이여 그리운 내 님이여 언제나 오려나
　3절) 임 가신 강 언덕에 단풍이 물들고
　눈물진 두만강에 밤새가 울면 떠나간 그 님이 보고 싶구나
　그리운 내 님이여 그리운 내 님이여 언제나 오려나

　1930년대는 일제의 탄압이 날로 극심해져, 노래 가사를 짓는 데도 은유법을 쓰지 않으면 안 되었습니다. 작곡가 이시우씨는 이 노래에 앞서 '봄 잃은 낙동강'을 창작하였는데, 여기서도 역시 일제에

---

[92] 실향민(失鄕民): 고향을 잃고 타향에서 지내는 백성

게 나라를 잃은 민족의 설움을 외면할 수 없어 낙동강에 봄이 와도 그 봄마저도 잃었다고 은유적으로 표현하였습니다. '눈물 젖은 두만강' 노랫말 속에 목이 메도록 애타게 기다리는 '님' 역시, 사랑하는 연인이 아니라 우리 겨레와 조국, 독립투사를 은유적으로 표현한 것입니다.

얼핏 가사만 보아서는 애절한 남녀간의 사랑 노래처럼 보입니다. "그리운 내 님이여 그리운 내 님이여 언제나 오려나" 1, 2, 3절 연이어 나오는 가사들은, 사랑하는 님을 한없이 그리워하듯 빼앗긴 조국을 되찾기를 간절히 기다린다는 민족적 통분과 한(恨)이 서려 있습니다. 아마도 당시 독립투사들과 그 가족들은 빼앗긴 조국의 설움을 생각하면서 가슴이 복받쳐 목이 메도록 이 노래를 부르고 또 불렀을 것입니다.

이 노래를 창작하게 된 배후에는 다음과 같은 눈물겨운 사연이 담겨 있습니다.

일제의 억압이 극심했던 1935년, 일제 시대 유랑극단 '예원좌'라는 악단 일행이 중국의 동북쪽에 있는 용정에서부터 시작하여 조선인 부락을 찾아 순회공연을 다니던 중 두만강 하구에 위치한 작은 도시인 '도문'[93]에서 조선인이 운영하는 한 여관에 여장을 풀었습니다.

마침 가을철이라 뒷마당에 있던 두 그루의 단풍나무가 하나는 빨갛게, 다른 하나는 노랗게 물들어 있었습니다. 주인은 그 나무가 1919년 3·1운동이 일어난 해에 두만강을 건너올 때 고향을 잊지 않으려고 가지고 와서 심은 것이라고 설명하여 주었습니다. 이시우

---

93) 두만강의 최북단인 함경북도 온성군 남양면에는 한반도와 중국을 잇는 도문철교(320m)가 있다. 그 철교를 넘으면 중국의 첫 관문인 옛간도 땅 '도문'이라는 도시가 나온다.

씨를 비롯한 몇몇 배우들은 그 단풍나무를 바라보며 고향 생각에 잠겼고, 불현듯 이시우씨는 '추억'이라는 주제가 떠올라 악상을 고르려고 사색에 잠겨 밤이 깊도록 잠자리에 들지 않고 있었습니다. 그런데 이날 밤, 난데없이 여인의 비통한 울음소리가 너무도 처절하여 일행 모두가 잠에서 깼습니다. 이시우씨는 다음날 여관집 주인에게 그 여인의 사연을 물어 보았습니다. 여인의 남편은 독립운동을 하기 위해 고향을 떠나 두만강을 건넜는데, 얼마 후 일본 경찰에 잡혔다는 소식을 듣고 자신도 두만강을 건너 남편이 끌려간 형무소를 찾아갔으나, 이미 총살당한 후였다는 것입니다. 나라 잃은 슬픔에 남편까지 잃고 설움에 겨운 여인은 마침 그날이 남편의 생일이라 생일상 겸 제사상에 술을 부어 놓고 그만 울음을 터뜨렸던 것입니다.

작곡가 이시우씨는 그 여인의 사연을 듣고 큰 충격을 받았습니다. 두만강 가에 나간 이씨의 눈에는 두만강의 물결이 나라 잃고 헤매는 우리 민족의 피눈물처럼 보였습니다. 이씨는 조국 광복을 위해 싸웠던 독립투사들이 일제의 학정을 못 이겨 고향 산천을 등지고 두만강을 건너 북간도로 떠날 때, 그들이 나라의 독립을 꿈꾸며 흘렸을 피눈물과 그들의 부모와 처자식이 겪어야 했던 말할 수 없는 고초를 두만강 물결에 빗대어 작곡한 것입니다.

현명천 시인이 즉흥적으로 1절 가사를 썼고, 2, 3절은 김용호 시인이 지어, 1938년 김정구씨에게 노래를 부르게 함으로써 공식적으로 발표되었습니다. 후렴에서 볼 수 있는 것처럼, 희생된 남편을 향한 그리움에 목메는 여인의 애절한 호곡 소리는 "그리운 내 님이여"로 표현되었고, 그것은 빼앗긴 조국에 대한 그리움을 은유한 것이었습니다.

나라 잃은 서러움 때문인지 이 노래는 세상에 나오자마자 큰 반응을 얻었습니다. 예원좌 악단의 장월성이라는 소녀 배우가 공연 막간에 나가 이 노래를 부르기 시작하였는데, 고국을 빼앗긴 사람들의 공감대를 타고 관객들의 심금을 크게 울렸습니다. 그 노랫말과 그 가락 속에 우리 민족이 당했던 억압과 말할 수 없는 설움, 그리고 하늘을 향해 울부짖는 애절함이 생생하게 담겨 있었기 때문입니다.

그래서 1943년 조선총독부에 의해 '조선인을 자극하는 민족성이 강한 노래'로 낙인 찍혀, 가창 금지 및 레코드 발매 금지를 당했습니다. 이로 인해 '눈물 젖은 두만강'은 6·25동란 후에야 널리 애창되었는데, 실은 1930년대 일제 학정이 극에 달했던 배경 속에서 나라 잃은 민족적 아픔과 비극, 그리고 속히 독립되기를(님이 오시기를) 열망했던 노래임을 기억해야 할 것입니다.

4. 목포의 눈물

'목포의 눈물'은 일제 강점기 우리 민족의 울분과 저항을 담은 노래로서, 1935년 나이 22세였던 손목인의 작곡, 19세의 가수 이난영이 노래하였습니다. 그 노랫말은 1934년 조선일보사가 일제의 탄압 속에서 우리 민족 고유한 정서를 북돋우기 위한 문화사업의 하나로 OK레코드사와 함께 주최한 전국 애향가요 가사 현상 공모에, 와세다대학 출신 20대의 무명시인이었던 문일석이 '목포의 노래'란 제목으로 1등 당선한 작품이었습니다. 이 노래는 발매되자마자 순식간에 5만 매의 판매고를 올릴 정도로 인기를 얻었다고 합니다. 나라 잃은 슬픔과 이웃·혈육과의 끝없는 이별의 아픔을 달래주는 상징적인 곡이었기에 국민적인 인기를 얻었으며, 한국가요사에 불후의 명작이라는 찬사가 있을 만큼 오랫동안 사랑을 받았습니다. 전체적으로 한 여인이 임을 그리워하고 임에 대한 절개를 맹세하는 내용으로 이루어져 있습니다.

 1절) 사공(沙工)의 뱃노래 가물거리며
   삼학도(三鶴島) 파도깊이 숨어드는 때
   부두(埠頭)의 새악씨 아롱젖은 옷자락
   이별(離別)의 눈물이냐 목포의 설움
 2절) 삼백연 원안풍(三栢淵 原安風)은 노적봉 밑에
   임 자취 완연(宛然)[94]하다 애달픈 정조(情調)
   유달산(儒達山) 바람도 영산강(榮山江)을 안으니
   임 그려 우는 마음 목포의 노래
 3절) 깊은 밤 쪼각달은 흘러가는데

---

94) 宛然(완연할 완, 그러할 연): 눈에 보이는 것처럼 아주 뚜렷하다

> 어쩌다 옛 상처(傷處)가 새로워진가
> 못 오는 님이면 이 마음도 보낼 것을
> 항구의 맺은 절개(節介) 목포의 사랑

  목포는 호남평야의 곡창을 뒤에 업고 서해와 남해의 각종 생선들이 포구로 모여 드는 곳으로, 일제가 강점하기 이전에는 인심 후하고 인정 뜨거웠던 항구였습니다. 유달산이 북풍을 막고 고하도와 화원반도가 풍랑을 막고 있는 목포 앞 바다는 그 옛날 여인들이 밥을 짓다가 찬거리가 없으면 국수조리나 바구니를 들고 나가 고기를 퍼내어 생선국을 끓였다는 황금어장이었습니다. 그러나 일제 강점기에 목포는 피눈물의 장소가 되고 말았습니다. 호남 곡창에서 나온 기름진 쌀과 풍요로운 목화는 목포 항구에서 일본으로 실려 가고 부모, 남편, 형제들은 헐벗고 굶주리면서 항구에서 가슴 아픈 이별을 해야민 했습니다.

  사공의 뱃노래가 파도 깊이 스며들고, 이별의 눈물이 옷자락을 적시는 부두, 삼백년 원한 품은 노적봉과 영산강을 안고 도는 유달산 바람, 떠나간 옛 님을 안타까이 기다리는 여인의 사연과 그리운 추억 속에 다시 못 올 님이라면 이 마음도 보냈어야 했다고 탄식하고 있습니다. 이 노래말 속에는 님을 향한 애타는 사랑 속에, 잃어버린 내 민족을 향한 강한 울분과 일제를 향한 저항 의식이 함께 포개어져 있습니다.

  이 노래가 전국적으로 확산되면서 목포라는 조그마한 항구 도시가 일약 전 국민의 주목을 받는 유명한 도시로 탈바꿈했습니다. 노래말 속에 자주 등장하는 '목포, 삼학도, 노적봉, 유달산, 영산강' 등의 지명(地名)들은 잃어버린 고향 땅에 대한 깊은 애수에 잠기게 합니다. 이 노래가 발표된 1934년 당시 목포는 군산과 더불어 일제에 의한 식민지 수탈 정책의 상징적 지역이었습니다. 호남지역 목화, 쌀, 기타 자원의 수탈과 일본으로 나가는 중간 기지로서, 일제의 강압적인 동원이나 일제의 등쌀에 못 이겨 이 땅에서 더는 살래야 살 수가 없어 수많는 사람들이 현해탄을 건너갔습니다. 그래서 목포항 부두에는 정든 땅을 두고 멀리 떠나가는 사람들과 서로 부둥켜 안고 목놓아 우는 이별의 눈물이 그칠 새가 없었습니다. 이때부터 목포는 한 많은 민족의 설움과 눈물을 대표하는 도시가 되고 말았습니다. 그래서 웃으며 왔다가 울면서 간다는 눈물의 항도가 목포였으며, 한가닥 소망을 가지고 왔다가 살 길이 막혀 걸인이 된다는 탄식의 도시가 목포이기도 했습니다.

이 노래는 가사지에 적힌 노랫말과 가수가 부른 노랫말이 다르게 되어 있는 아주 특이한 경우를 보여 줍니다. 이 노래가 발표된 후 크게 유행하자, 일본 고등계에서는 OK레코드사와 이 노래의 관련자들을 소환하여 가사 내용이 불온한 냄새가 있다며 추궁하였습니다. 일제가 문제 삼은 곳은 '삼백연 원안풍은 노적봉 밑에'라는 노래말이었습니다. 1592년 임진왜란 이후 삼백 년이 지난 시점에서 다시 일본의 침략을 받게 된 것을 비슷한 발음에 빗대어 "삼백 년 원한"을 "삼백연 원안풍(三栢淵 原安風)"으로 말꼬리를 돌려 무슨 뜻인지 분간하기 어렵게 했습니다. 실제 가사의 뜻 그대로 풀어보면 '세 그루의 동백이 있는 연못의 평안한 바람이 부는 노적봉 밑에'라는 뜻인 셈입니다.

왜경에서는 레코드 제작자 측에 출고 정지를 시키고 작사자 작곡자 무대 공연자 등 관련자들을 줄줄이 불러 그 가사를 해명하라고 족쳤습니다. 끌려간 그들은 가슴을 조이며 '원한 품은'이 아니라 '원안풍은'이라고 끝까지 해명하였으며, 일본 경찰로부터 '차후 말썽이 났을 때는 모두 엄벌하게 처할 것이니 잘하라'라는 엄중 경고를 받고서야 풀려났습니다(작곡자 손목인의 증언). 그러나 손목인 자신이 밝힌대로 '삼백 년 원한 품은'이 맞는 가사로, 이난영이 레코드에 넣은 육성이나 무대에서 부르는 목소리는 분명 '삼백 년 원한 품은'이었습니다.

  실로 작사자 문일석은 시대 감각을 잘 읽는 뛰어난 감각의 작가였습니다. 그는 분명 그 부분이 분명코 말썽을 일으킬 것을 알고 있었기에, 삼백연(三栢淵)이라는 연못을 만들어 붙이고, 원안풍(原安風)이라는 바람을 만들어, 가사에는 그렇게 쓰되, 노래는 '삼백 년 원한 품은 노적봉 밑에'라고 부르게 한 것입니다.

  이처럼 목포의 눈물에서 작사자가 감추어 둔 은유적 표현을 풀어 보면, 연인간 이별의 아픔은 민족적 이산(離散)의 아픔으로, 님에 대한 그리움은 민족의 독립에 대한 강한 염원으로 승화되었습니다.

  또한 우리 민족사에 나타난 여러 상징을 통해서 조국을 강탈한 일본에 대한 깊은 울분과 원한, 그리고 저항하는 힘을 강하게 담았습니다. '목포의 눈물'에 등장하는 "님 자취"는 이순신 장군의 넋과 정신을 은연중에 나타내고 있습니다. "유달산 바람"은 민족의 정기를 가리킵니다. "노적봉"은 유달산 입구에 있는 해발 60m의 바위산으로 임진왜란 때에 이순신 장군의 전략으로 봉우리에 짚가리를 덮어서 왜군이 보기에는 산더미 같은 군량미로 오인하게 하여 후퇴하게 한 곳입니다. "영산강"은 횟가루를 방류하여 마치 쌀뜨물로 보이게 하여, 왜군이 수많은 군사들이 주둔한 줄로 착각하게 하여 그들의 사기를 저하시킨 전략을 보여 주는 의미를 숨겨져 나타낸 것입니다.

일제 시대는 내 님을 상실하고, 고향과 부모를 상실하고, 조국을 상실한 시대였습니다. 일제에게 짐승처럼 짓밟히며 고통하면서도 우리 국민들은 망국의 비탄에 빠지거나 좌절하지 않고, 대중가요를 통해 민족적 울분과 불굴의 저항의식으로 하나가 되어 독립을 꿈꾸었습니다. 비록 소극적이고 은유적이기는 하였지만, 일제하에 신음하던 우리 민족의 수난과 그 원한을 호소하였기 때문에 대중들에게 널리 알려지고 많은 호응을 얻었습니다. 결국 일제는 황성옛터, 눈물 젖은 두만강과 함께 '목포의 눈물' 음반을 판매금지라고 압수 조치를 내렸습니다. 그리고 이 노래의 출판, 교육, 공연, 가창 등을 금지하고, 이 곡이 수록된 음반도 동시에 행정 처분되어, 1945년 해방이 된 후에야 많이 불려지게 되었습니다. 일제 시대의 민족적 아픔을 위로한 '목포의 눈물' 노래와 가수 이난영(본명 옥례)을 기념하기 위해 1969년 유달산 중턱에 노래비를 세워 오늘에 이르고 있습니다.

5. 타향살이
(1932년 금능인 작사, 손목인 작곡, 고복수[95] 노래)

1절) 타향살이 몇 해던가 손꼽아 헤어보니
     고향 떠난 십여 년에 청춘만 늙어
2절) 부평 같은 내 신세가 혼자도 기막혀서
     창문 열고 바라보니 하늘은 저쪽
3절) 고향 앞에 버드나무 올 봄도 푸르련만
     버들피리 꺾어 불던 그때는 옛날
4절) 타향이라 정이 들면 내 고향 되는 것을
     가도 그만 와도 그만 언제나 타향

잊을래야 잊을 수 없는 것이 고향이며 떠나온 조국입니다. 타향살이 속에는 우리 민족이 피눈물나는 노예살이를 하던 일제강점기, 정든 고향산천을 떠나온 이향민의 억제할 수 없는 향수와 조국에 대한 그리움이 구구절절 배어 있습니다. 일제에 의해 이리저리 휘둘리고 짓밟히는 우리 민족의 실상이 거울처럼 비춰진 작품입니다.

이 노래는 고향을 떠난 사람들이 고향을 그리면서 부른 애향가였고, 구슬픈 향수를 달래는 마음의 벗이기도 했습니다. 2절을 보면 '부평(浮萍) 같은 내 신세가 혼자도 기막혀서'라고 했는데, 여기 '부

---

[95] 고복수(1911-1972년) - 울산에서 출생했으며, 학창시절 교회 선교사에게 음악을 배웠다. 1932년 콜럼비아레코드사가 주최한 신인가수 선발대회에서 입상, 1934년 OK레코드사에 스카웃되어 손목인 작곡의 '타향살이'를 발표, 1935년 '사막의 한'을 불러 알려지게 되었다. 그 후 '짝사랑', '휘파람' 등을 발표하였으며, 아내인 황금심과 함께 국내 각지와 중국 둥베이 지방을 순회공연하여 인기를 누렸다. 8.15광복 후 한때 백조악극단의 단원으로 있었으며, 1950년 6.25전쟁 때는 북한군에게 붙잡혀 의용군으로 끌려갔으나 국군에게 구출되어 한동안 육군 군예대(軍藝隊)에서 활동하였다. 1957년 은퇴공연을 갖고, 1959년 서울에 동화예술학원을 설립하여 후진양성에 전념하여 '이미자' 등의 인기가수를 배출하였다. 1960년 극영화 타향살이를 제작하였으나 흥행에 실패하여 생활고와 병고에 시달리다가 세상을 떠났다.

'평'은 한자로 '뜰 부(浮), 개구리밥 평(萍)'입니다. 부(浮)는 '떠날 부, 근거 없는 부, 덧없을 부'라고도 합니다. 개구리밥은 물 위에 떠있어서 이리저리 흘러 다니기 때문에, 나그네 신세를 개구리밥에 빗대어 부평 같음을 한탄하면서 부른 노래인데, 혼자 생각해도 기가 막힌다 했습니다.

버들피리 꺾어 불던 고향은 여전히 있었지만, 가도 그만 와도 그만 언제나 타향이라 했습니다. 터전도 잃고 재산도 잃고 내 나라 사랑할 수 있는 자유조차 잃었으니 하늘 아래 어디 간들 타향 아닌 곳이 있었으랴. 조국 땅이 타향이 되어버린 셈입니다.

만주 일대를 순회하고 있던 고복수 일행이 하얼빈 공연을 했을 때였습니다. 그가 무대에서 타향살이를 노래하자, 청중도 함께 흥얼거렸고, 노래가 끝나면 앙코르가 계속되어 다시 불렀고, 이윽고 대합창이 되어버렸습니다.

동포가 가장 많이 흘러들어와 살며 밀집해 있던 용정 공연에서는 타향살이 노래에 청중이 흐느껴 울었고, 고복수 또한 흐느껴, 극장이 순식간에 눈물바다가 되고 말았습니다.

용정 공연에서는 또 30대 부인이 무대 뒤로 찾아온 일도 있었다고 합니다. 고향 부산을 떠난 지 10년이 된다고 하는 이 부인은 남편과 사별한 뒤 가난한 생활에 지칠 대로 지쳤으나, 그렇다고 고향으로 돌아갈 돈도 없었기에, 고향이 같은 고복수에게 주소를 넘겨주면서 가족에게 소식을 전해 달라고 부탁하러 온 것이었습니다. 그리고 그녀는 망향의 한을 가슴에 간직한 채 며칠 뒤에 자살했다고 합니다. 얼마나 타향살이가 고달팠으면! 얼마나 고향 땅이 가고팠으면! 이 노래를 듣고 목숨을 끊어버렸을까요.

이러한 일화는 만주뿐만 아니라 시베리아, 중국 본토, 일본 등 동포가 많이 모여 살고 있는 곳에서 종종 있는 일이었습니다.

1930년대 억압받는 식민지 현실을 담은 '황성 옛터', '눈물 젖은 두만강', '목포의 눈물', '타향살이' 등의 대중가요는 오래도록 민족의 심금을 울리며 불리운 주옥 같은 노래입니다. 당시 일제에 의한 가요 탄압이 극심했어도 그 노래들이 사람들 사이에서 널리 불려질 수 있었던 것은, 이 노래 속에 적절한 조국애와 애향심이 깃들여 있었기 때문이었습니다. 이 노래야말로 잃어버린 내 나라를 되찾을 수 있도록 국민들을 한 마음으로 뭉치게 한 진정한 구국가요라 할 수 있을 것입니다.

이러한 민족의 아픔과 염원을 담은 노래들이, 이제 너무 많은 세월이 흘러 비록 젊은 세대들에게는 잊혀져가는 노래가 되었지만, 그 노래들 속에 담긴 민족정신은 대대로 계승되어야 할 위대한 유산인 것입니다. 이러한 유서 깊은 노래들이 우리 후손들에게 잊혀지지 않고 계속 불리어져서 전 국민에게 애국일념을 불러일으키는 국민의 노래로 영원히 남기를 간절히 소망합니다.

대한민국 건국(建國) 대통령
우남(雩南) 이승만 박사
(1875.3.26-1965.7.19)

The founding president of the Republic of Korea
Dr. Syngman Rhee (pen name: Woo-nam)

무릇 어느 국가든지 건국의 역사가 있고, 건국사의 밑바탕에는 그 국가를 형성하는 건국이념이 깃들여 있기 마련입니다. 그래서 건국의 역사는 그 국민의 정체성의 기록이기도 합니다. 대한민국의 건국은, 나라가 주권을 송두리째 빼앗겼던 일제 강점기의 흑암과, 해방 후 좌·우익의 첨예한 이념 대결이라는 극심한 혼돈을 온 국민이 뿌리 깊은 자주독립 정신으로 이겨 내고 이룩한 자랑스러운 역사입니다. 자유의 숭고한 가치를 뼈저리게 경험한 온 겨레가 하나 되어 민족 자결의 권리를 찾아, 가슴에서 우러나온 애국 애족으로 이루어 낸 역사입니다. 그러므로 우리의 건국사는 마땅히 잘 보존해야 하고, 우리의 후대에게 반드시 전수하여 영원히 잊지 않고 지켜 가야 할 역사입니다.

지금의 발전한 대한민국은 거저 생겨나지 않았습니다. 대한민국 국민이라면, 오늘의 발전한 조국이 있기까지 건국 대통령과 당시의 많은 애국지사들이 피눈물 흘려 치른 큰 희생과, 민초들의 뼈가 저리도록 배고팠던 설움을 기억해야 합니다. 오늘 우리는 대한민국 건국 초기의 역사적 진실을 잘 분별하고 이해하며, 또 그것을 후손들에게 잘 전수할 수 있도록 다 함께 머리를 맞대고 깊이 생각해야 할 것입니다. 이를 위해 대한민국이 자주독립 국가를 이룩하기까지 일평생 자신을 희생하며 독립을 열망했던 건국 대통령 우남 이승만 박사[96]에 대하여 올바르게 인식하고, 그의 탁월한 업적을 겸손하고 정직하게 재평가해야 합니다. 정확한 역사적 사실을 바탕으로, 그에 대한 올바른 존경심과 사랑을 회복할 때, 우리 국민은 다시 한 번 대한민국 국민으로서의 자부심이 솟구칠 것이며, 자랑스러운 내 나라를 사랑하게 되고 나라를 위하여 기꺼이 헌신하게 될 것입니다.

---

96) 당시 박사(博士)가 거의 없었던 한국에서 이승만은 '박사'의 대명사가 되었고, 1948년 8월 대통령이 된 뒤에도 사람들은 그를 '이승만 대통령'으로 부르기보다는 '이승만 박사'라고 불렀다.

1. 대한민국 근현대사를 빛낸 건국 대통령

제2차 세계대전 중 일본이 연합군에 항복하면서 갑자기 1945년 8월 15일 해방을 맞은 우리나라는, 일제 때보다 더 큰 사회적 혼란과 무질서를 겪으면서 불안에 휩싸였습니다. 온 국민이 국가적으로 첩첩이 쌓인 복잡한 문제들을 속 시원하게 해결해 나갈 탁월한 지도자가 나타나기를 애타게 원했고 기다렸습니다. 해방 이후 혼란한 틈 속에 좌·우익의 대립은 극심해져, 국민들은 한 치 앞도 분별하지 못하고 극한 혼란 속에 불안해하였습니다. 나라가 마땅히 갈 길을 찾지 못하고 칠흑 같은 어둠 속을 헤매며 더할 수 없이 약해져서 신음하고 있을 때, 이승만(李承晩) 박사는 남한 단독 총선거(1948.5.10.)를 주도하며 대한민국 정부를 수립하였고, 초대 대통령에 선출되어 제 2대, 제 3대까지 재임하였습니다(1948.7.24.- 1960.4.26.). 건국 대통령 이승만 박사는 국제 정세에 일찍이 눈을 뜬 정치가요 외교가였고, 뛰어난 정치 전략을 가지고 민족적 위기를 극복함으로써 구한말부터 무너져 내린 민족 위상을 빠른 속도로 일으켜 세웠으며, 잠들어 있던 국민들의 애국애족 의식을 일깨운 위대한 선각자였습니다.

그는 1950년 당시 세계에서 가장 낙후된 가난한 나라(1950년: 1인당 GDP 56달러의 최빈국)의 대통령이었지만, 참으로 걸출한 지도력을 가지고 조선 봉건사회를 현대사로 개혁하는 선구자 역할을 하였습니다.

우남 이승만 박사는 지금의 대한민국이 세계 10대 강국으로 발전할 수 있도록 자유 민주주의의 기틀 위에 이 나라의 밑뿌리를 튼튼하게 만들어 준 건국 대통령입니다. 만일 그의 탁월한 정치 식견과

정치 수완과 외교 능력이 아니었다면, 필경 남한만의 자유민주주의 국가 수립마저 불가능했을 것입니다. 일제 시대 나라 없는 백성의 설움과 비극을 겪었던 그는, "내 소원은 삼천만과 함께 나라 있는 백성이 되고..."라고 가슴속 깊이 조국의 독립을 열망했습니다. 과연 그의 소원대로 지금 우리는 작지만 자랑스러운 대한민국, 전 세계가 부러워하는 동방의 나라 코리아의 떳떳한 백성이 되었습니다. 참으로 역사가 흐르면 흐를수록, 이승만 대통령이 대한민국 근현대사에 끼친 업적은, 대한민국 국민의 마음속에 잊으려야 잊을 수 없는 것임을 절감하게 됩니다. 그는 결단코 우리 민족의 역사 속에 살아 있는 큰 지도자입니다.

2. 출생과 성장 배경

이승만 대통령은 국운이 기울어 가는 1875년(고종 12년) 3월 26일(음력 2월 19일) 황해도 평산군 마산면 능내동에서 출생하였습니다. 어머니가 꿈에 용을 보고 낳은 아이라 하여 어렸을 때 그의 이름은 승룡(承龍)이라 했습니다. 부친 이경선(李敬善)과 모친 김해 김씨 사이에서 3남 2녀 중 막내로 출생하였는데, 손위의 두 형이 그의 출생 전에 사망하였기 때문에 사실상 외아들, 그것도 6대 독자였습니다. 이승만은 태종의 맏아들인 양녕대군(讓寧大君)의 16대손이었습니다. 부친은 유학(儒學)을 공부한 선비였고, 모친 김해 김씨는 서당훈장 김창은(金昌殷)의 외동딸로서 여성으로는 드물게 한문교육을 받은 자였습니다. 모친 김씨가 이승만의 나이 두 살 때, 아들을 훌륭하게 성장시키기 위해 그의 교육을 위하여 한성(지금의 서울)으로 이주해, 지금의 동작동 지덕사(양녕대군 사당) 옆에서 살았습니다. 그는 평범하고 가난한 농민의 아들로 태어났으나, 어려서부터 두뇌가 명석하고 배짱이 두둑했습니다.

러시아, 일본, 청국 등 강대국의 정치적 압박으로 나라가 큰 위기에 처했을 때, 신긍우(申肯雨)의 권고로 1894년 4월 2일 배재학당에 입학하였습니다. 입학 후 서양식 병원 제중원에서 일하던 미국 선교사 화이팅(Georgiana E. Whiting)의 한국어 교사로 뽑혀, 그녀에게 한국어를 가르쳐 주면서 영어회화를 배웠고, 1898년 배재학당을 졸업할 때는 '한국의 독립'이라는 주제로 대중 앞에서 영어연설을 할 정도로 탁월한 실력을 갖추었습니다.

1898년 매일신문, 제국신문을 발간하여 러시아의 이권 침탈을 비판하고, 독립협회의 만민공동회 총대의원으로 활약했습니다. 그러나 수구파의 모략으로 독립협회와 만민공동회가 해체되고 지도자들이 투옥될 때 이승만도 투옥되어(1899.1.9.) 사형선고를 받았습니다. 이승만은 한성감옥에서 혹독한 고문을 당했습니다. 이주영 지(著) 「이승만과 그의 시대」(기파랑)에 실린 내용을 그대로 옮겨 봅니다.

"두 팔이 묶이고 양 다리에 주리를 튼 상태에서 손가락 사이에 대나무를 넣어 비트는 잔혹한 고문이었다. 매일 곤장을 맞아 몸은 상처투성이었다. 저녁이 되면 발을 족쇄로 묶고 손에 수갑을 채우고 목에 나무칼을 씌워 독방에 내던져졌다. 나무칼을 쓰고서는 누울 수도 없었기 때문에 반쯤 앉은 자세로 밤을 새워야 했다. 그러다가 날이 밝으면 다시 끌려 나와 고문을 당했다. 이때부터 평생 그에게는, 감정이 격해지면 무의식적으로 망가진 손가락 끝을 입으로 무는 버릇이 생겼다. 이승만이 고문으로 죽었다는 신문기사가 나서, 놀란 아버지가 시신을 거두러 감옥으로 찾아오기도 했다."

그리고 다시 종신형을 받은 상태에서, 민영환이 감형을 주선하여

5년 7개월 만에 석방되었습니다(1904.8.9.). 그는 옥중에서 「독립정신」[97](1904)을 저술하였는데, 이 책은 당시 국제 정세를 예리하게 분석하여, 풍전등화 같은 나라의 운명을 바꾸어 놓았으며, 민주독립 개혁을 촉진하는 밑거름이 되었습니다. 사리사욕에 눈먼 위정자들을 날카롭게 질타할 뿐 아니라, 이 나라의 국민으로서 가져야 할 민족의식을 뜨겁게 일깨웠습니다. 1910년 로스앤젤레스(Los Angeles)에서 출간된 바 있는 이 책은, 지금도 한국 근대화의 정신적 지침서로서 높이 평가받고 있습니다.

그는 감옥에서 석방된 후 불행히도 1906년 2월 26일, 외아들 봉수(8세)가 여독으로 객사했다는 소식을 듣게 됩니다. 이러한 슬픔과 좌절 중에도, 빼앗긴 나라를 되찾기 위해서는 더 배워야 한다는 일념으로 학업에 매진하였습니다. 조지 워싱턴 대학교(George Washington Univ.)에서 학사 학위를(1905-1907), 하버드 대학교(Harvard Univ.)에서 석사 학위를(1907-1908), 그리고 프린스턴 대학교(Princeton Univ.)에서 박사 학위를(1910년) 받았습니다. 박사학위(Ph.D.) 논문은 '미국의 영향을 받은 영세중립론'("Neutrality as Influenced by the United States")이란 주제였습니다. 이렇게 학사, 석사, 박사 과정을 단 5년 만에 마쳤고, 그의 학위 논문은 1912년 프린스턴 대학 출판부에서 발간되기도 했습니다. 이처럼 그는 명문대

---

[97] "첫째, 세계와 마땅히 통하여야 할 줄로 안다. 둘째, 새 법으로써 각각 몸과 집안과 나라를 보전하는 근본을 삼아야 한다. 셋째, 외교를 잘 할 줄 알아야 한다. 넷째, 국권을 존중히 여겨야 한다"고 강조하면서 "치외법권을 물리칠 것, 민족적 자존심을 가질 것, 국기를 소중히 여길 것, 외국에 입적하지 말 것 등"을 강조한다. "다섯째, 의리를 존중하라"고 하면서 "정의와 대의에 죽을 줄 알아야 한다"고 강조한다. "여섯째, 자유권을 중히 여겨야 한다"고 하여 민주주의의 기본인 개개인의 자유와 평등, 이를 확보하기 위한 권리, 의무에의 충실을 강조하고 있다.

학에서 국제정치학 박사 학위를 받음으로써 국제적 정치 인물로 등장하였습니다. 그는 국제무대에서 활발하게 독립운동을 전개했으며, 국제 정세에 관해 누구보다도 밝았고, 독립 후에 국가를 어떻게 건설해야 할 것인지 고민했던 정치 지도자였습니다. 일제 침략으로 짓밟힌 우리 국민에게, 더없이 고맙고 소중한 인물이었습니다.

한편, 이승만 박사는 1934년 10월 8일 뉴욕에서 오스트리아 태생의 프란체스카 도너(Francesca Donner) 여사와 결혼하였습니다. 그녀는 절약 정신이 투철하고, 의지가 강하기로 유명한 여인이었습니다. 영어에 능통하고 한국말도 다소 구사했으며, 모든 공식 행사와 일상생활에서 대부분 우아하고 아름다운 한복 차림을 하였습니다. 프란체스카 여사는 이 대통령이 하야한 후에 하와이에서 이 대통령의 병간호를 하며 남편의 곁을 끝까지 지키고 극진히 보살폈고, 대한민국을 일으킨 이승만 대통령의 영원한 동반자로 남았습니다. 대통령 서거 후에 1970년 한국으로 영구 귀국, 이화장에서 여생을 보내었습니다. 이 대통령이 서거한 지 27년 만인 1992년 3월 23일 타계하여, 동작동 국립묘지의 남편 묘소에 합장되었습니다.

3. 한국 독립을 보장한 '카이로 선언'을 이끈 끈질긴 외교 운동

우리나라는 일제 시대와 광복과 건국, 그리고 6·25전쟁을 거치면서, 나라의 운명이 강대국들에 의해서 좌우되는 것을 온 국민이 절감하였습니다. 청일 전쟁과 러일 전쟁, 1910년대의 제 1차 세계대전과 러시아 혁명은 우리 민족에게 큰 영향을 미쳤고, 1931년의 만주사변과 1940년대의 제 2차 세계대전은 우리나라의 해방과 크게 직결되어 있습니다. 그러므로 한국 근현대사는 당시 세계사의 흐름에 대한 정확한 이해 없이는 올바른 이해가 불가능합니다. 그 당시에 이루어 낸 이승만 대통령의 업적도 반드시 세계정세에 대한 올바른 이해 속에서 재조명되어야 합니다.

이승만 박사는 가난한 나라의 대통령이었지만, 그는 세계정세를 바로 보고 나라를 위해 강대국들에게 영향력을 행사했던 강력한 지도자였습니다. 이승만은 1919년 4월 23일, 상해 대한민국 임시정부가 수립되면서 최고 책임자인 집정관 총재로 추대되었습니다. 대통령 자격으로 일본과 세계열강에 독립정부 수립을 통보했습니다. 이후 임시정부 초대 대통령으로 추대되었고, 미국 의회에 한국 독립안을 상정하기도 했습니다.

1932-1933년에는 제네바 국제연맹 회의에 참석하여 한국의 독립을 역설하였습니다. 1941년에는 미국에서 '일본 내막기'(Japan Inside Out: The Challenge of Today)라는 영문 책을 펴냈는데, 한국인이 저술한 책 중에서 최초로 베스트셀러가 되었습니다. 그는 그 책에서 일본의 패망을 예견하였고, 한국의 독립을 확신하였습니다.

"우리가 감히 예상하고 갈망하고 있는 것보다 더 일찍, 자유민주주의 진영이 일본의 팽창을 꺾고 일본 영토 안으로 그들을 구겨 넣을 것이다. 그리고 평화가 다시 올 것이다. 그때 우리 한반도는 전 세계의 자유 국가들과 나란히 설 것이다. 그때 우리 한반도는 또다시 '고요한 아침의 나라'로서 세계 앞에 당당히 서게 될 것이다."라고 예견했습니다. 이같이 그는 조국 해방을 예언한 선각자였습니다. 1942년 6월에는 '미국의 소리'(VOA) 단파 방송을 통해 "일본은 곧 망합니다. 조국의 동포 여러분, 해방이 곧 올 것입니다"라고 방송했는데, 당시 이승만 박사의 이 육성 방송은 일제의 쇠사슬에 묶여 신음하는 한국 백성에게는 하늘이 내린 희망의 소리였습니다.

또한 그는 그 책을 통해 "나는 왜 미국이 일본을 방임하는지 도저히 이해할 수 없다. 일본이 강해지면 반드시 미국을 공격할 것이 분명하다. 미국은 일본의 침략 근성을 모르고 있다. 일본이 섬에서 나오지 못하도록 일본을 먼저 눌러야 한다"라고 언급했습니다. 그 후 몇 달 안 되어, 일본이 1941년 12월 7일 아침에 미국의 태평양 함대가 주둔하고 있던 진주만을 기습 공격하였습니다. 처음에 이승만을 미친 사람 취급하던 미국이 깜짝 놀라고 말았습니다. 참으로 그는 세계정세를 바로 보고 정확하게 예견하는 탁월한 정치가였습니다.

미·일 태평양 전쟁이 시작되면서, 이승만은 이 기회에 미국 정부로부터 대한민국 임시정부에 대한 승인을 얻어 내기 위해 외교 활동에 전력하였습니다. 이승만의 외교 활동은 처음에는 미국으로부터 외면당하기 일쑤였으나, 이승만이 예견한 대로 일본이 미국 진주만을 기습 공격한 후부터 크게 지지를 받았습니다. 그 결과 일제의 탄압이 극에 달했던 상황 속에서, 1943년 11월 27일 카이로 회담(Cairo Conference)에서 최초로 한국의 독립을 국제적으로 약속 받는 값진 결실을 얻게 되었습니다. 카이로 회담에서 미국의 루즈벨트 대통령, 영국의 처칠 수상, 중국의 장개석 총통은 한국에 대해 특별조항을 넣어, "현재 한국민이 노예 상태 아래 놓여 있음을 유의하여 앞으로 한국을 적당한 절차를 거쳐 자유 독립국가가 되게 하기로 결의한다"라고 명시함으로써, 한국의 독립을 보장했습니다. 한편 "적당한 절차"라는 문구에 의구심을 품었던 이승만은 미 국무부에 서한을 보내고 성명서를 밝히기도 했는데, 훗날 그것이 '신탁통치'를 의미하는 것으로 밝혀졌습니다. 신탁통치를 가장 처음 반대한 이도 이승만이었습니다.

한국의 독립을 보장받은 것은 이승만의 외교활동의 결실이었습니다. 당시 세계의 많은 약소민족들이 식민지 형편에서 독립운동을 전개했지만, 실제로 제 2차 세계대전 기간 중에 열강의 대표들로부터 독립을 보장받은 나라는 한국뿐이었음을 기억해야 합니다.

이어 1945년 7월 26일 포츠담 회담(Potsdam Conference)에서 미국, 영국, 중국 3개국 수뇌들은 카이로 선언의 모든 조항이 이행되어야 한다고 선언함으로, 카이로 회담에서 결정한 한국의 독립보장을 재확인하였습니다. 후에 소련 스탈린도 회담에 참가하여 선언문에 서명하였습니다. 참으로 이승만이 미국 여론을 바꾸어 놓기까지 외교·홍보활동을 적극적으로 끈질기게 펼친 결과, 1943년 카이로 회담에서 한국의 독립에 대한 국제적인 보장을 이끌어낼 수 있었던 것입니다(조선일보 2013년 3월 19일자).

이 후 1945년 미국이 일본 히로시마(8월 6일)와 나가사끼(8월 9일)에 원자탄을 연달아 투하하여 일본이 항복하게 되자, 1945년 8월 15일 마침내 대한민국은 해방이 되었습니다. 연합군에 패망한 일본은, 카이로 선언과 포츠담 선언의 내용대로 우리나라를 독립국으로 인정하고 우리나라에서 완전히 철수하였습니다.

4. 국가보안법을 제정·공포한 대통령

해방 후 해결해야 할 시급한 문제 중 하나는 친일파의 반민족 행위에 대한 처벌이었습니다. 이에 따라 이승만 대통령과 신생 정부는 '반민특위'를 조직하게 됩니다. '반민특위'는 반민족 행위 특별조사위원회(反民族行爲特別調査委員會)의 약칭으로, 친일파의 반민족 행위를 처벌하기 위하여 1948년 9월 22일, 반민법이 공포됨으로써 제

헌국회에 설치되었던 특별 기구입니다. 그러나 당시는 1948년 4월 3일 제주도에서 발생한 좌익 세력이 더욱 심해져서 10월 19일 여수 순천 사건으로 계엄령이 내려지고, 이어서 제주도에도 계엄령이 선포되었으며(1948년 11월 17일), 연이어 대구 6연대 내의 좌익 세력들이 3차에 걸쳐 사건을 일으킨 상태였습니다. 대한민국 정부가 출범한 직후 좌익 세력들은 극에 달했고, 이를 진압하는 일이 국가적으로 가장 시급한 문제였습니다. 이에 이승만 대통령은 "현재 대한민국은 친일파 숙청보다는 공산세력 진압이 시급하며, 공산세력을 먼저 진압하지 않으면 대한민국이 망한다."라고 설득하여, 약 1년 만에 1949년 9월 23일 반민특위법 개정으로 '반민특위'를 해체하였습니다. 반민특위는 1949년 9월 공식 활동을 정지하기까지 총 조사 682건 중 408건의 영장 발부, 305명의 검거, 재판부 송치 570건, 실형 선고 12명(사형 1명, 무기징역 1명, 유기징역 10명)을 수행하였습니다. 반민특위 해체는 미군정과 이승만 대통령 때문이 아니라, 국가 전복을 위한 좌익 세력과 북한의 남침 도발로 인하여 친일파를 제대로 처리할 수 없는 극도의 혼란 상황 때문이었음을 기억해야 합니다.

이후 이승만 대통령은 국가보안법을 제정하여 자유민주주의 대한민국을 공산독재로부터 지켜 냈습니다.

"공산분자는 집안에 불을 지르는 자인데, 공산분자와 협동통일하자는 이들 때문에 집이 언제 방화될지 몰라 불안하여 평안히 잠을 잘 수 없는 터이다."(1946.3.4.)

"공산주의자는 국제협약에서 약속을 지키지 않는다. 그런 고로 그들과의 타협은 위험하다."(1950.12.8.)

이승만 대통령의 공산주의자에 대한 정확한 인식과 투철한 반공

의지가 담겨 있는 유명한 말들입니다. 이 대통령의 정치적 선견지명과 강력한 반공주의가 아니었더라면, 대한민국은 공산화가 되었을 것이고 건국조차 불투명했을 것입니다.

소련의 스탈린은 처음부터 한반도를 공산화하려는 구상을 가지고 북한에 공산 정권을 수립하도록 지시하였습니다. 나라가 해방되자 소련군은 신속히 북한에 진입하여 부자들의 재산을 몰수하고 기독교인들을 핍박하면서, 무산 계층의 민심을 얻는 공산화 조직을 가속화하였습니다. 해방 다음해인 1946년 2월에는 이미 북조선인민위원회라는 사실상의 공산당 정부가 들어섰습니다(위원장 김일성). 이때부터 그들은 이미 한반도의 분단을 기정사실화해 버린 셈입니다. 김일성과 박헌영은 남한 사회의 총파업, 군 반란, 시위 등을 주도하면서 혼란을 끝없이 일으켰고, 스탈린과의 협력 하에 6·25 남침을 치밀하게 준비하였습니다.

해방 후 이승만 박사가 뒤늦게 귀국하였을 때는, 이미 남한 일대가 박헌영의 조선공산당(남로당)의 조직적인 활동으로 온 나라가 공산주의로 기울어 가는 형편이었습니다. 자유민주주의 국가 건설을 훼방하기 위해, 공산당 테러 조직들이 파업 및 반란 사건 등을 곳곳에서 일으켰습니다. 이를 진압하고 공산주의자들을 발본색원(拔本塞源)하는 것이 국가적 급선무였기 때문에 이승만은 어쩔 수 없이 친일 동조자들에게도 공무를 맡겼고, 이것은 자타가 모두 아는 사실입니다.

박헌영이 이끄는 남로당의 지령에 의해 1948년 제주 4·3사건과 1948년 10월 19일 여수 순천 사건이 일어나고, 연이어 사상 초유의 군 반란이 연속되자, 이승만 대통령은 국가보안법(國家保安法)을 제정하기에 이릅니다. 1948년 11월 20일 국가보안법이 국회 본회의를 전격 통과하게 되었습니다. 그리고 동년 12월 1일 법률 제 10호로 법령이 통과되어, 12월 20일 대통령령으로 공포되었습니다. 당시 남로당은 합법 정당으로, 미군정의 보호를 받으며 남한을 공산화하기 위해 활개 치며 불법적인 정치 활동을 감행하고 있었으나 1948년 12월 1일부로 국가보안법에 의해 불법 단체가 되었고, 정부는 군 내부에 거미줄같이 침투해 있던 남로당을 색출하기 위한 대대적인 숙군(肅軍)을 단행할 수 있었습니다. 군 내부 각 연대에 침투해 있던 남로당원 가운데 4,749명이 사형, 유기징역, 불명예제대 등으로 숙군되었으며, 이에 덩달아 놀란 군 내부의 남로당원 5,568명이 탈영하였습니다. 도합 1개 사단 인원, 육군 총병력의 약 10%에 해당하는 10,317명이 좌익 공산 세력으로 드러난 셈입니다. 대한민국 건국 2년 만에 북한이 1950년 6월 25일 일요일 새벽 4시, 그야말로 폭풍같은 기세로 불법 남침을 감행하였을 때, 대한민국의 심장 수도 서울은 3일 만에 공산군에게 완전히 빼앗겼고, 국군 6개 사단 약 4만 4천 명이 북한군의 총탄에 몰살당했습니다. 북한의 기습 남침으로 말미암은 대한민국의 초기 전쟁 피해는 참으로 엄청났지만, 미군의 절대적인 도움을 받아 유엔군의 신속한 개입이 이루어져서 전세는 역전될 수 있었습니다. 만일 당시 이승만 대통령이 판단력 부족으로 단호하게 국보법을 제정하지 않았더라면, 6·25전쟁 때 국군 내에 침투해 있던 남로당 소속 군인들이 고위급 국군 장교들을 모두 살해하여 남한의 육군을 무력화했을 것이고, 대한민국은 하루아침에 공산주의자들의 손에 넘어가고 말았을 것입니다.

5. 6·25전쟁 직전, 농지 개혁 단행

36년 일제 치하에서 갑자기 해방된 후, 우리나라는 토지 분배, 적산 가옥(敵産家屋: 해방 후 일본인들이 물러간 뒤 남겨 놓고 간 집이나 건물)의 처리, 친일파 청산, 혼란한 정치 동향 등 시급하게 해결해야 할 문제가 산더미같이 쌓여 있었습니다. 이러한 국가적 난문제를 가장 바람직한 방향으로 빨리 해결하는 것이 국민들의 염원이었습니다. 그 중에서도 현실적으로 가장 심각했던 문제는, 해방 직후 무정부 상태에서 박헌영의 조선공산당이 세력을 급속도로 확장해 가고 있었기 때문에 가난에 허덕이던 국민 대다수가 공산주의 사상에 크게 매료되어 있는 현실이었습니다. 그러나 다행스럽게도, 농민들에게 공산주의가 뿌리내리지 못하게 만든 결정적인 계기가 있었는데, 그 중 하나가 이승만 대통령이 신속하게 단행했던 농지 개혁입니다.

이승만 대통령은 6·25전쟁 직전 1950년 3월 10일 농지 개혁법을 최종 확정하고 공포하였습니다. 1950년 3월 25일에 토지 개혁법의 시행령이 공포되었고, 4월 28일에는 시행 규칙이 공포되어 농지 개혁이 전격적으로 실시되었고, 또 농지 분배에 관한 세부 규정과 요령을 담은 농지 분배 점수제 규정은 6월 23일에 공포되었습니다. 그러나 커밍스(B. Cumings)는 '남한은 전쟁 발발 이전에 농지가 전혀 분배되지 않았고, 서울 수복 후에도 이승만은 지주 계급의 압력 때문에 농지 개혁에 미온적이었다'라고 왜곡된 주장을 하였습니다.[98]

농지 개혁에 대한 사실은 커밍스의 주장과는 전혀 다릅니다.

국회의 공식적인 기록에 의하면, 1951년 2월 16일 피난시절 수도였던 부산에서 열린 국회에서, 박원만 외 23명의 의원들이 농지 개혁 실시 여부에 대해 질의했을 때, 농림부는 "이미 1950년 4월 15일에 완료했다"라는 답변을 했습니다. 정부 수립 이전부터 농지 개혁

---

98) B. Cumings, *The Origins of the Korean War, Vol. II*: The Roaring of the Cataract 1947-1950 (Princeton: Princeton University Press, 1990), 472.

에 적극적이었던 이승만의 의지 덕분에, 전쟁이 터지기 전인 1950년 3월에서 5월 사이에 적어도 농지의 70-80% 정도에 대한 분배가 단행되었던 것입니다.

1980년대 중반 한국농촌경제연구원이 밝혀 낸 농지 분배의 실제 진행 과정은 이러했습니다. 1949년 6월 농지개혁법(당초 법안)이 공포된 후 즉시 '농촌 실태 조사'가 시작되었습니다. 조사는 그해 말 완료되어 매수 농지의 면적이 확정되었습니다. 그 후 매수 농지의 지번·지목·지적·등급·임대 가격·주 재배물·지주·경작자 등이 기재된 '농지 소표'가 작성되었고, 1950년 3월 10일까지는 그것이 분배받을 농가별로 다시 정리되어 '농가별 분배 농지 일람표'(각 리·동별로 작성됨)가 만들어졌습니다. 이 일람표는 3월 15일에서 24일 사이에 시·읍·면 사무소에서 모든 이들에게 돌려졌고, 3월 24일에는 원칙적으로 분배가 확정되었던 것입니다.

어떻게 관련 법규가 정비되기도 전에 정책이 먼저 시행되는 일이 발생했을까요? 이는 이승만 대통령의 독려가 있었기 때문입니다. 1949년 6월 21일 우여곡절 끝에 농지 개혁법을 공포했고, 이것의 국회통과는 시간문제일 뿐 반드시 이루어진다는 판단 아래, 서둘러 파종 이전에 시행령(50.3.25.)과 시행 규칙(50.4.28.)을 마련하기 위해 애썼던 것입니다. 그 결과 세부 규칙들은, 형식상으로는 공포되지 않았지만 내부적으로는 이미 토지 분배가 시행되기 훨씬 전인 1949년 후반에 이미 마련되어 있었습니다. 1950년이 되자마자, 농지 개혁 시행을 통첩하는 데 사용될 각종 용지 등이 일선 행정관서에 배부될 수 있었던 것도, 바로 이런 준비가 있었기 때문입니다.

관련 부서의 이러한 신속 처리를 부추긴 것은 이승만의 독려였습니다. 당시 이승만이 농지 분배를 조속히 시행토록 재촉한 증거는 여러 곳에서 나타나고 있습니다.

「농지 개혁 시무는… 예산의 불성립과 지방 기구 및 각급 농지 위원회 미구성으로 천연 중이었던 바 대통령 각하께서는 이에 대하여 각별히 진념하시어 작년 12월 13일 국무회의에서 특별교시로 금년 춘경기(春耕期) 이전에 완수하게 하라는 분부가 있었고 또 1월 17일에는 국회 의장에게 공한을 보내시어 농지 개혁 관계 추가 예산안을 우선 상정케 하라 하였으며… 사무 추진에 적극 매진함을 요함. 춘경기가 촉박하였으므로 추진상 불소(不小)한 곤란이 유(有)하였으나, 만난(萬難)을 배제하고 단행하라는 대통령 각하의 유시를 받들어 정부로서는 최선을 다하여 실행 단계에 돌입한 것이다. 제 1단계로서는 소작인에게 파종 전기(播種前期), 즉 4월 10일까지 농지 분배 예정통지서를 교부하여 장차 자기 농지가 된다는 것을 전제로 하여 안심하고 파종하라는 것이다.」

그렇다면 당시 북한의 토지 개혁은 어떠했습니까?

북한 임시인민위원회는 1946년 3월 5일 토지개혁법령을 발표하였습니다. 토지개혁법령의 기본 내용은 기존의 토지소유관계를 전면 부정하고 모든 소작지를 무상으로 몰수하여 무상으로 분배하는 것이었습니다. 문제는 그들이 토지를 분배받았지만, 소유권까지 받은 것이 아니라는 사실입니다. 한편 이같은 북한 토지 개혁은 남북 분단의 실마리를 제공하였습니다. 재산권 제도는 한 사회와 국가의 가장 중요한 토대로서 그것을 개혁하는 것은 사회와 국가의 근간을 바꾸는 작업이라고 할 수 있습니다. 북한의 소련군과 공산주의자들은 그토록 중요한 개혁을 남한 미군정 및 남한과 아무런 상의없이 독자적으로 추진하였습니다. 그것은 남한과 상관없이 자신들은 공산주의로 가겠다는 남북 분단의 명확한 표현이었습니다.

1949년 남한 정부가 농지 개혁을 서두르자, 북한은 남한에 내려와서 실시할 토지 개혁에 대한 기준을 만들기 위해 홍명희, 박문규

등 21명의 위원으로 구성된 토지 개혁 법령 준비위원회를 구성하고, 법령 초안을 작성했습니다. 그리고 이에 의거하여 남침 후 즉각 남한에 대한 토지 개혁에 착수하여, 전체 면의 78.5%에 해당되는 1,198개 면에서 수행했다고, 북한 당국은 발표했습니다. 그러나 토지 개혁을 시작했다가 중도에 그치고 후퇴한 곳이 많았기 때문에, 78.5%라는 북한의 발표는 과장된 것입니다. 북한은 농업 현물 세제를 시행하는 과정에서도 많은 무리를 범했으므로 농민들의 불만을 샀습니다. 이 제도는 수확량의 25%만을 현물세로 걷고 여타 조세나 공출은 모두 폐지한 것이어서, 농민들에게 환영받을 수도 있는 것이었으나, 현물세를 부과하기 위해 예상 수확량을 조사하는 과정에서, 북한이 제일 잘 익은 곡식의 낱알만을 헤아려 전체 수확량을 추정하고, 그것을 기준하여 세금을 부과했기 때문에 농민들 사이에서는 "왜놈들도 이러지는 않았다"는 강한 불만이 터져 나왔습니다. 더구나 실제 수확기 이전에 북한이 퇴각함으로써 농민들의 머릿속에는 나쁜 인상만 남게 되었습니다. 따라서 수복 후 이승만 정부가 폐허가 된 나라의 회복을 위해 임시 토지수득세, 강제 양곡매상, 농지 상환금 등으로 부득이 생산량의 절반 이상을 징발했을 때에도, 농민들은 인공 치하(人共治下)보다는 낫다는 생각을 하게 되었습니다.

※ 해방 이후 농민들의 토지 개혁에 관한 위 내용은 김일영 저 「건국과 부국」(117쪽-140쪽)에서 발췌하였음을 밝혀 둡니다.

이처럼 우리나라는 1950년 4월 15일에 토지 개혁이 완료되었고, 그 분배가 70-80% 정도 성공적으로 마무리되자 농민들은 크게 만족하였습니다.[99] 이로써 당시 경제활동 인구의 70.9%나 차지하던 농민들을 안정시킬 수 있었습니다. 신속한 농지 개혁을 단행함으로써 당시 농민들에게 공산주의가 뿌리내리지 못하게 한 것은, 이승만 대통령이 이룬 크나큰 건국 업적 중의 하나였던 것입니다.

6. 3년 1개월 2일 간의 6.25전쟁, 전시 지도자로서의 이승만 대통령

1950년 6월 25일 일요일 새벽 4시, 북한군의 기습 남침에 우리나라는 수도 서울이 3일 만에 완전 점령당했고, 육군 총병력 약 50%에 해당하는 4만 4천 명의 국군이 몰살되고 말았습니다. 당시 동맹국 하나 없던 대한민국은 큰 위기를 만났으나, 미국의 참전과 유엔 안보리의 신속한 결정과 참전으로 기적처럼 살아남게 되었습니다.

이는 이승만 정부의 강력한 대응 전략이 있었기 때문에 가능했습니다. 전시 지도자로서의 이승만 대통령의 역량을, 남정옥 국방부 군사편찬연구소 책임연구원은 이렇게 요약했습니다(「제11차 우남 학술회의」).

① 이승만은 북한의 기습 남침으로부터 대한민국을 수호했다. 국가보안법을 제정, 군내 숙군을 시작으로 남한 내의 공산당의 조직 활동을 봉쇄했다.
② 전쟁이 발발하자 바로 미군과 유엔군의 참전을 이끌어냈다. 국군을 유엔군과 함께 싸우게 하고 유엔이 이 전쟁을 끝까지 책임지도록 했다.
③ 한반도 통일, 북진 통일이라는 전쟁 목표를 확고히 하고 이를 통해

---

99) 김일영, 「건국과 부국」 (기파랑, 2011), 117-118.

국권을 수호하고 국군의 전력 증강을 이룩하는 한미 방위조약 체결이라는 숙원을 달성했다.

④ 이승만은 이러한 지도력으로 미국과 유엔군으로부터 강한 신뢰와 충성심을 얻어냈다. 클라크 유엔군 사령관은 전쟁 중 '이승만은 세계에서 가장 위대한 반공 지도자'라고 칭송했으며, 매슈 리지웨이 장군은 "이승만 대통령은 자기 국민에 대한 편애가 심했고 마음속에는 애국심밖에 없는 것으로 보였으며, 이로 인해 불가능한 일을 끊임없이 요구하기도 했다."라고 전했다.

당시 우리 국군은 나라를 지키겠다는 열의는 컸으나 군사력이 형편없었는데, 이승만 대통령은 전쟁 중에도 국군 장병의 사기를 높이기 위한 연설을 끊임없이 계속하면서, 항상 국군의 위상을 높이 평가했습니다.

6·25전쟁 중에 이 대통령은 미군에게 한국 실정을 정확히 파악하는 것이 중요하다고 강조하면서, 미군의 공중 폭격도 중요하지만 한국 지형을 잘 아는 한국 보병의 전투력과 그 중요성을 강조하였습니다. 프란체스카의 난중일기 「6·25와 이승만」(98쪽)에는 다음과 같은 일화가 실려 있습니다.

「무초 대사는 대구가 적의 공격권에 들어가자 정부를 제주도로 옮길 것을 건의했다. 그의 주장은, 그곳이 적의 공격으로부터 멀리 떨어져 있고, 최악의 경우 남한 전체가 공산군에 점령된다 해도 망명 정부를 지속시켜 나갈 수 있기 때문이라고 설명했다.

무초가 한참 열을 올려 이야기하고 있을 때, 대통령이 허리에 차고 있던 모젤 권총을 꺼내 들었다. 순간 무초는 입이 굳어져 버렸고 얼굴색이 하얗게 질렸다. 나도 깜짝 놀랐다. 미국에서 살 때 고속순찰 오토바이를 따돌리고 과속으로 달릴 때 가슴이 떨린 이후 그렇게 놀란 적이 없었다.

대통령은 권총을 아래위로 흔들면서 "이 총으로 공산당이 내 앞까지 왔을 때 내 처를 쏘고, 적을 죽이고, 나머지 한 알로 나를 쏠 것이오. 우리는 정부를 한반도 밖으로 옮길 생각이 없소. 모두 총궐기하여 싸울 것이오. 결코 도망가지 않겠소."라고 단호히 말했다.

대통령이 권총으로 어쩔 것은 아니었지만, 긴장한 무초 대사는 더 이상 아무 말을 못 하고 혼비백산하여 돌아갔다.」

7. 미국인들도 쩔쩔매게 했던 철저한 반공 대통령

휴전 후 1953년 11월, 미(美) 부통령 리처드 닉슨(Richard Milhous Nixon)이 아이젠하워 대통령의 친서를 가지고 이승만을 찾았습니다. 닉슨은 '아이젠하워와 상호 합의하지 않고는 어떤 도발적인 행동도 한국이 단독으로 하지 않겠다.'는 약속을 해 달라고 이승만에게 거듭 요청하였으나, 두 사람은 합의점을 찾지 못했습니다. 이때 이승만은 닉슨에게 정곡을 찌르는 말을 남겼습니다. "공산주의자들이, 미국이 이승만을 통제할 수 있다고 생각하는 순간, 귀 국(國)은 가장 중요한 협상력 하나를 잃을 뿐 아니라 우리는 모든 희망을 잃을 것입니다. 내가 모종의 행동을 취할 것이라는 두려움이 늘 공산주의자들을 견제하고 있습니다. 우리 서로 솔직합시다. 공산주의자들은 미국이 평화를 갈망하므로 그 평화를 얻기 위해서는 어떤 양보도 할 것이라고 여깁니다. 나는 그들의 생각이 맞는 것 같아 걱정입니다. 그러나 그들 공산주의자들은 내가 미국과 다르다는 사실을 잘 압니다. 나는 공산주의자들이 가진 그런 불안감을 없애 줄 필요가 없다고 믿습니다..."

닉슨 부통령은 이때 이승만 대통령과의 첫 만남에 대한 인상을 "나는 한국인의 용기와 인내심, 그리고 이승만의 힘과 지혜에 깊은 감동을 받고 떠났다. 나는 이 대통령이 공산주의자를 상대할 때는 '예측 불가능성(being unpredictable)'을 유지하는 것이 중요하다는 통찰력 있는 충고를 한 데 대해 많은 생각을 해 보았다. 내가 그 후 더 많이 여행하고 더 많이 배움에 따라 그 노인의 현명함을 더욱 잘 이해할 수 있게 되었다."라고 피력하면서, 이 대통령을 극찬하였습니다. 닉슨은 냉전을 서방 세계의 승리로 이끈 3대 전략가 가운데 한 사람입니다. 그는 "공산주의자들과 대결함에 있어서 '우리는 무엇을 하지 않는다'는 사실을 미리 알려 주는 것이 바보짓"이라고 강조했습니다. 최고의 반공 전략가였던 닉슨은, 이 후로 이승만 대통령을 진심으로 존경하게 되었다고 말합니다.

1953년 7월 27일 휴전한 후 한 해가 흘러 1954년 7월 28일, 미국 상·하 양원 합동의회에서 이승만 대통령이 했던 연설은, 당시 미국 정부와 미국민들의 심장을 흔들어 33차례나 기립박수를 받은 것으로 유명합니다. 그 자리에는 상·하 의원들은 물론이고 아이젠하워 대통령을 제외한 3부 요인과 대원법 판사 전원, 워싱턴 주재 외교단 전원, 3군 수뇌부 전원이 거의 참석하였습니다. 이승만의 연설은 먼저 미국 국민과 아이젠하워에 대한 의례적인 인사를 하는 것으로 시작했습니다. "나는 미국인의 어머니들에게 마음속으로부터 깊은 감사를 드립니다. 자식을, 남편을 그리고 형제를, 우리가 암담한 처지에 놓여 있을 때 보내 주신 데 대하여 감사합니다. 하나님께서 한미 양국 군인들의 영혼을 애중(愛重)해 주시기를 빕니다." 우레와 같은 박수 소리가 처음으로 쏟아졌습니다. 그리고 연설은 본론으로 들어갔습니다.

"수많은 미국인들이 한반도에서 대의를 위해 목숨을 바쳤습니다. 그러나 그들의 피는 현명치 못한 사람들의 휴전으로 헛되이 되고 말았습니다. 세계의 자유인들이 살 길은 오직 하나, 그것은 '악의 힘'에 유화적이거나 굽히지 않는 것입니다. 중국을 다시 찾지 못하면, 자유세계는 승리할 수 없습니다. 한국의 바보 같은 휴전은 이제 끝내야 합니다. 친구들이여, 공산주의를 감기처럼 대수롭지 않게 말하지 마시오. 치명적인 바이러스입니다. 퇴치 투쟁에 나서야만 합니다. 지금도 늦지 않았습니다. 내 주장이 강경하다고 생각합니까? 그러나 공산주의자들은 누구든지 유화적이면 노예로 만들어 버리는 끔찍한 세력입니다. 자, 용기를 가지고 우리의 자유를 지키기 위해 궐기합시다."라고 주장하였습니다.

이승만 대통령은 휴전을 결사반대하고 북진통일을 염원했던 대로 '성스러운 통일 전쟁'을 즉시 다시 하자고 거듭 주장했던 것입니다. 그의 감동적인 연설을 통해, 미국은 한국이 요청한 군사·경제 원조 7억 달러를 수락하였습니다. 그는 철저한 반공주의와 미국을 설득하는 노련한 외교력으로, 대한민국을 6·25 후의 폐허 속에서 재건한 대통령입니다.

8. 한·미방위조약과 미국의 장기 원조를 얻어 낸 전략가

6·25전쟁은 대한민국에 참으로 엄청난 재앙이었습니다. 인명 피해와 재산 피해가 너무 커서 우리 스스로의 힘으로는 도저히 회복될 수 없는 규모였습니다. 당시 미국의 원조는 국가 재건에 절대적이었습니다. 1950년대 정부 예산에서 미국 원조는 86%에 해당할 정도로 압도적이었으며, 1957년에도 미국 원조는 정부 예산의 53%를 차지할 정도로 비중이 컸습니다.

이때 이승만 대통령은 과감하고 뛰어난 정치 전략으로 휴전 직후 한·미방위조약을 쟁취하였고, 미국으로부터 경제부흥에 필요한 장기 원조를 얻어냈습니다. 그는 건국 초기부터 미국과의 상호방위조약 체결을 절실히 희망했고, 1948년 8월 15일 건국 직후부터 미국에게 군사동맹 체결을 끈질기게 요구하였습니다. 1949년 5월 중순 미군이 철군을 개시하자, 이승만은 다시 한 번 미국측에 '군사적 지원'에 대한 약속을 강력하게 요청했는데, 미국은 이승만의 요구를 모두 거절했습니다. 무초 주한 미대사를 통해 한국과 우호통상조약의 체결에 대해서만 협의할 용의가 있다고 제안하였습니다. 이에 이승만 대통령은 '군사적 지원'이 없는 조약은 한국에 큰 도움이 되지 못한다는 점을 강조하면서, 미 대사의 제안을 거절하였습니다.

1951년 7월 10일 개성에서 휴전회담이 개시되었을 때, 이승만 대통령은 결사반대하면서 남한 단독으로라도 북진통일을 하겠다고 강력하게 주장하였습니다. 그리고 휴전 시 북한의 재침이 우려되기 때문에 북한의 위협과 침략을 저지하는 방안으로 '한·미동맹관계' 체결을 요구하였습니다. 1952년 3월 초 트루먼은 이승만에게 '휴전의 성립을 위해 한국의 지지가 중요하다'는 서신을 보냈고, 1952년 3월 말 이승만은 트루먼에게 '한·미간 「상호안보조약」 체결 없이는 한국민은 휴전을 수락할 수 없다'는 내용의 서신을 보냈습니다. 1952년 11월 말 이승만은 아이젠하워 대통령 당선자에게, 극동의 평화를 위해 한·미간의 상호방위조약 체결이 필요불가결하다고 서신을 통해 역설하였습니다.

이승만 대통령은 백선엽 대장에게 절대로 정전협정에 조인하지 말라고 지시했고, '한국 정부는 정전협정에 참석하지 않겠다'고 미국측에 통보하는 동시에, 한·미방위동맹 체결 및 군사·경제면에서 한국에 대한 지원의 필요성을, 성명을 통해 발표하였습니다.

　이처럼 이승만 대통령이 계속 "한·미상호방위조약을 체결하기 전에는 휴전에 동의할 수 없다."고 주장해도 미국측은 이 요구를 수용하지 않았습니다. 그러자, 이승만 대통령은 1953년 6월 18일 일방적으로 전국 7개 수용소(부산·대구·광주·마산·영천·논산·부평)에 있던 35,400명의 반공포로 중 26,930명을 석방하였습니다. 이는 정전협정이 한국 정부의 의사와 상관없이 마무리되는 것에 대한 강력한 항의였으며, 한·미상호방위조약 체결을 이끌어 내기 위해 반공포로를 협상카드로 사용했던 외교전이었습니다. 미국은 물론 전 세계가 깜짝 놀랐습니다. 결국 미국은 한·미상호방위조약 체결에 동의하게 되었고, 한국이 "휴전에 서명은 않겠지만 그것을 방해하지도 않는다"는 것을 전제로, 방위조약에 대한 논의를 시작하였습니다. 이에 미국은 어쩔 수 없이 대통령 특사 국무차관보 월터 로버트슨(Walter S. Robertson)을 한국에 파견하였습니다(1953.6.25-7.12). 워싱턴에 돌아간 로버트슨은 의회보고서에 "이 대통령에 대해 말들이 많지만, 한 마디로 그의 주장은 공산주의와의 싸움이다. 우리 동맹국들 모두가 그의 정신을 지녔다면 세상은 덜 시끄러울 것이다."라고 기록했습니다.

　1953년 8월 7일 '대한민국과 미합중국 간의 상호방위조약'이 조인되었으며, 1953년 10월 1일 워싱턴에서 한·미상호방위조약이 체결되었습니다.

　① 정전 후 한·미 양국은 상호방위조약 체결
　② 미국은 한국에 장기적인 경제원조 제공
　③ 미국은 한국군의 20개 사단과 해·공군력 증강

　조약이 체결된 후 이승만 대통령은 "한·미상호방위조약이 성립됨으로써 우리는 앞으로 여러 세대에 걸쳐 많은 혜택을 받게 될 것입니다. 이 조약에 힘입어 우리는 앞으로 번영을 누릴 것입니다. 한국과 미국 간의 이 조약은 외부 침략으로부터 우리를 보호함으로써 우리의 안보를 확보해 줄 것입니다."라고 발표했습니다.

1954년 1월 한국과 미국 의회에서 조약 비준 동의가 있었으며, 1954년 11월 17일 한·미상호방위조약이 발효되면서, 한·미 군사동맹의 법적 토대가 마련되었습니다.

유엔군 사령관 클라크는 최종 상호방위조약 협의를 위하여 함께 했던 자리에서 "한국에 엄청난 실질적 이익을 가져다 준 그 같은 과감한 외교 전략이 어디서 나올 수 있었는지 이해하기 어려웠다"라고 실토하였으며, '싸워서 이기기보다 평화를 얻는 게 더 어려웠고, 적군보다 이승만 대통령이 더 힘들었다'라고 하면서, 이 대통령을 위대한 인물로 평가했습니다.

※ 위 내용에서 한·미상호방위조약 관련 자료는 경기도청에서 발행한 「6·25전쟁과 한·미동맹」 자료를 참고하였음을 밝혀 둡니다.

이승만 대통령은 미국이 요구한 휴전을 받아들이는 대가로 한·미동맹의 체결을 끈질기게 요구하여 마침내 관철시켰고, 미국으로부터 경제 부흥에 필요한 장기적인 원조를 얻어내는 데 성공하였습니다. 약소국의 지도자였지만, 이승만 박사는 '한국을, 공산 세계에 대한 싸움을 모든 자유세계와 함께 수행하는 대등한 동반자로 도우라'고 당당하게 요구했던 것입니다.

이렇게 반공포로 석방과 한·미방위조약, 철저한 반공 교육으로 안보질서를 구축하여 튼튼하게 다짐으로써, 우리나라가 60년대 후반부터 국가의 경제발전을 이루는 초석을 마련하였습니다. 이승만 대통령의 강력한 반공 정책과 한·미상호방위조약이 아니었더라면 남한의 공산화를 막아 낼 수 없었고, 대한민국의 자유민주주의를 지켜 낼 수 없었을 것입니다. 미국이 아무런 대책 없이 미·소 합작 신탁통치를 운운하며 우왕좌왕하고 있을 때, 김구 선생과 여운형의 주장대로 남북 좌우합작을 시도했다면 한반도는 분명코 공산화되었을 것입니다. 당시 한국전쟁 중 이 대통령의 단독 북진 명령과 반공포로 석방 등을 보고, 처칠을 비롯하여 세계 지도자들과 외국 언론들은 "나이 많은 이 대통령이 망령이 들어 국민을 사지로 몰고 간다"라고 하면서 비난이 만만치 않았습니다. 그러나, 이 대통령은 단호한 전략적 대응을 통해 한·미상호방위조약을 쟁취하였고, 그의 탁월한 선견지명은 한반도 수호와 동북아 방위에 크게 기여하였다고, 후대 역사가들이 높이 평가하고 있습니다.

9. 국민교육 실천과 실력 배양에 힘을 쏟은 교육 지도자

이승만 박사는 독립에 대한 꿈과 아울러 국민 교육을 직접 실천함으로써 나라 전체의 실력 배양에 힘을 쏟은 지도자입니다. 그는 잔악한 일제에게 손톱 발톱이 뽑히는 고문과 극한 추위 속에 고달픈 감옥 생활을 하면서도, 미래의 독립 국가를 구상하면서 「독립정신」이란 책을 집필하였고, 특별 허가를 받아 감옥 학교와 도서관을 설치 운영하여 죄수들의 교육에 힘을 썼습니다.

이승만이 박사 학위를 받은 지 두 달 뒤인 1910년 8월 29일에 대한제국이 일본에 강제로 합병되었는데, 강제 합병 한 달 반이 지난 1910년 10월 10일 귀국하게 됩니다. 6년 만에 귀국한 그는 교육과 전도 활동에 힘쓰다가 105인 사건에 연루되었는데, 미국 선교사의 도움으로 위기를 모면하고 다시 미국으로 건너가 독립운동을 계속하였습니다. 그때 하와이에서 **한인기독학원**(Korean Christian Institute)과 **한인기독교회**(Korean Christian Church)를 설립했고, 대한동지회를 조직하였습니다. 한인기독학원은 한국인이 세운 최초의 남녀공학제(共學制) 학교였습니다. 한인기독교회는 미국의 어떤 교단에도 속하지 않은 독립 교회였습니다.

대한민국에서 자유민주주의 정착을 위해 가장 중요했던 것은, 보통선거제 도입이었습니다. 선거를 통해 불평등한 신분 사회를 무너뜨리고 국민 모두가 평등한 주권자임을 되새기는 사회가 되는 것입니다. 이승만 대통령은 보통선거제와 의무교육제를 도입했습니다. 자유민주주의로 뿌리내리기 위해서는, 무엇보다 국민 스스로 현명하고도 올바르게 판단할 수 있도록 깨우치는 국민 교육이 급선무라고 판단한 이 대통령은, 1949년 6년제 초등교육을 무상으로 받도록 하는 의무교육제를 시행하였습니다. 전쟁으로 인해 온 나라가 폐허가 되어 버린 매우 열악한 상황이어서, 의무교육제가 잠시 중단되기도 했지만, 이 대통령은 국민들의 교육 수준 향상에 지속적으로 힘을 쏟았습니다. 민간단체들에 의해 성인을 상대로 한 문맹퇴치운동도 벌였습니다. 그 결과, 1950년대 세계 최빈국이요 후진국이었던 한국은 괄목할 만한 교육 발전을 이룩하여, 해방 당시 78%의 문맹률이 1959년에는 22.1%로 낮아졌습니다. 이 대통령의 남다른 교육열로 예산의 10% 이상이 교육에 투입되었고, 그 결과 1960년대에는 당시 개발도상 국가들 중에서 교육 수준이 가장 높은 나라로 평가받기도 했습니다. 그때에 독립한 국가들 중에 북한, 대만, 필리핀, 인도네시아, 터키, 인도 등 여러 나라가 있었지만, 우리나라만큼 산업화, 민주화를 거쳐 선진화로 빨리 발전한 나라는 없습니다. 특히 이승만과 비교해 볼 때, 김일성은 철저한 공산주의 1인 독재 왕조 체제를 구축하여, 북한 인민들의 신앙, 교육, 언론, 경제, 주거의 자유를 말살해 버린 사실을 직시해야 합니다. 그 결과 권력층의 부정부패, 축재, 축첩, 인민 탄압은 상상을 초월하는 지경이지만, 북한에서는 그에 대한 비판이나 반대 시위가 전혀 불가능합니다.

이승만은 우매한 백성이 빨리 문맹을 떨치고 일어나 생활 방식을 개혁할 수 있도록 힘을 쏟았습니다. 그리고 강대국의 밥이 되지 않으려면 글을 배워야 하고 미신과 잡신을 버려야 한다고 확신했습니다. 출옥한 지 얼마 안 된 1905년, 이승만은 「독립정신」 결론에서 "지금 우리나라가 쓰러진 데서 일어나려 하며 썩은 데서 싹이 나고자 할진데, 이 교(기독교)로써 근본을 삼지 않고는 세계와 상통하여도 참이익을 얻지 못할 것이요...마땅히 이 교(기독교)로써 만사에 근원을 삼아 나의 몸을 잊어버리고 남을 위하여 일하는 자가 되어야 나라를 일심으로 받들어 영미 각국과 동등이 되리라"라고 말했습니다.

이승만 통치기에는 대중교육과 함께 고급 인력 양성이 지속되었으며, 1960년대에는 고등교육 혁명이 일어났습니다. 대학이 63개로 크게 늘어나고, 대학생 숫자도 10만 명으로 늘어났습니다. 이로써 1960년대부터 본격적으로 이루어질 공업화에 필요한 우수한 노동력이 준비되었던 것입니다. 전쟁 중에 이 대통령이 한국의 MIT를 세운다는 야심찬 의지로 '인하(仁荷)공과대학'을 설립하도록 지시한 것은, 고급 인재를 양성하고자 했던 가장 좋은 본보기입니다.

10. 부정축재 없는 청렴결백한 대통령

이 대통령은 1960년 4·19의 소식을 듣고 "불의를 보고도 항거하지 못하는 민족은 죽은 민족"이라고 하였고, 총에 맞아 부상당한 학생들을 병원으로 친히 방문하여 "내가 맞아야 할 총을 학생들이 맞았다"라고 하면서 비통해 하였습니다. 4·19 거사로 이승만 대통령은 정권 퇴진을 요구받았고, 국회에 사임서를 제출하였습니다. "나 리승만은 국회의 결의를 존중하여 대통령의 직을 사임하고 물러앉아 국민의 한 사람으로서 나의 여생을 국가와 민족을 위하여 바치고자 하는 바이다." 그는 대통령 하야 선포 후에, 이제는 민간인의 신분이니 '관 1호' 차를 탈 수 없다고 하면서 경무대에서 이화장까지 걸어가겠다고 고집하였고, 곧바로 그가 평소 출석했던 정동제일교회 예배에 참석하여 혼란에 처한 국가를 위해 하나님께 간절히 기도를 올렸습니다.

1960년 4월 26일 하야하여 경무대에서 이화장으로 거처를 옮긴 후, 한 달 남짓 후인 5월 29일 하와이로 출국하였습니다. 당초 계획은 3주 동안의 짧은 여행이었으나, 병으로 인해 5년 2개월이라는 긴 요양 생활 끝에 1965년 7월 19일 0시 35분, 이역만리 하와이 섬에서 임종하였습니다. 병상에서 하루도 빠짐없이 나라를 위하여 노심초사 염려하며 기도하던 이 대통령은, 끝내 서울 땅을 밟아 보지 못하고 고국을 떠난 지 5년 2개월 만에 하와이에서 쓸쓸한 최후를 맞았습니다.

이 대통령의 정치 이념은 매우 단호했고 생활은 청렴했습니다. 그러나 그의 측근 위정자들의 부패와 그를 둘러싼 인(人)의 장막(帳幕)[100]으로 인하여 대통령의 판단력이 흐려져서 일어난 3·15 부정선거는 민주 역사에 오점이 되었으니, 참으로 불행한 일이 아닐 수 없습니다. 또한 북괴군이 서울을 침략했을 때 이승만 대통령의 육성을 통해 '서울을 사수한다'는 방송이 나갔기 때문에, 피난을 가지 못하

---

100) 인의 장막: 사람으로 장막을 쳐서 막는다

여 많은 희생자가 생겼던 것은, 너무나 가슴 아픈 일입니다. 그 방송은 당시 육군참모총장 채병덕이 호언장담하며 대통령에게 했던 어설픈 건의에서 비롯된 것이었지만, 그 피해에 대한 원망과 책임은 이승만 박사 한 몸에 쏟아지고 있으니 안타까운 일이 아닐 수 없습니다.

또한 당시의 상황을 속속들이 알지 못하고 역사를 왜곡하는 사람들은, 이승만 대통령과 미국이 한반도 분단에 책임이 있다고 단정하고, 전쟁 이후 한반도에서 일어난 모든 비극을 이승만과 미국의 책임으로 돌리고 있습니다. 심지어 현재 한국은 정상적인 국가가 아니라 '분단국가'라고 규정하면서 '잘못 태어난 나라'로 간주합니다. 이것은 역사적 사실과 전혀 맞지 않는 왜곡된 민족주의 관점입니다. 이승만 대통령의 통일론은 처음에는 <선 통일, 후 정부수립>이었습니다. 1945년 10월 19일 "우리에게 급한 문제는 잃었던 삼천리강산을 찾는 것이 유일한 것이고 우리에게 요구되는 것은 통일뿐이다. 여하한 일이 있다고 하더라도 잃은 땅을 찾는 일에 전력할 뿐이다"라고 원론적인 통일론을 제시했습니다. 미·소공동위원회가 열리고 있던 1946년 4월 8일 기자회견에서는, '38선을 철폐하여 다시 통일을 회복하도록 이 회의에서 결정되기를 바란다'라고 발언하여, '선 통일, 후 정부수립' 노선을 천명하였습니다. 그러나 미·소공동위원회 2차 회의가 결렬되자, 그의 통일론은 '선 정부수립, 후 통일'이라는 '단계적 통일론'으로 전환되었던 것입니다. 이승만이 총선거를 주장한 것은 남북을 영영 나누자는 것이 아니고, 남한만이라도 정부를 세워 국제 사회에서 발언권을 얻음으로써, 우리의 힘으로 통일을 이루자는 것이었습니다.

이승만은 해방 후 공산당의 반란과 시위가 난무했던 난세와 6·25 전쟁의 폐허 속에서, 대한민국을 건립하고 자유민주주의를 수호하여 오늘날 대한민국의 경제와 정치 발전의 초석을 이룩한 위대한 건국 대통령입니다. 우리 국민은 그를 길이 기억하고 그의 철저한 반공정신과 자유민주주의에 입각한 건국이념과 애국애족 정신을 본받아야 합니다. 이승만 대통령은 평생 조국의 안위를 위해 염려했으며, 해방운동을 주도했던 민족의 정치 지도자요, 조국의 독립을 도모하며 온몸으로 투쟁한 애국지사요, 공산주의와 싸운 반공투사이며, 대한민국을 자유 민주주의 국가로 세운 건국 대통령입니다. 그는 오로지 국가와 민족과 세계평화를 위하여 헌신했으며, 90 평생을 청빈하게 살았습니다. 이러한 이승만 대통령의 애국적 면모를 아는 이가 많았기 때문에, 5년 만에 그의 유해가 하와이에서 고국으로 돌아왔을 때, 그를 추모하는 행렬이 줄을 이었습니다. 이승만 대통령이 한 점의 부정축재도 없이 청빈한 생활을 한 것은, 그 당시 다른 독립국가의 대통령들과 비교할 때 너무도 큰 자랑거리입니다. 이승만, 박정희 두 대통령 이후, 권력층의 비리가 나라를 크게 병들게 해 왔던 사실을 생각할 때 더욱 그렇습니다.

11. "뭉치면 살고 흩어지면 죽는다."

우리나라가 자유민주주의 국가로 올곧게 뿌리내리기까지 일제와 공산주의자를 상대로 단호하게 맞서 싸우면서, 나라와 민족을 위해 헌신한 이승만 박사의 건국이념을 기억해야 하겠습니다. 그 내용은 대한민국의 완전 독립과 38선의 철폐, 신탁 통치의 반대, 임시정부의 법통 존중과 선거를 통한 민주 정부의 수립 등 민족자결주의의 시행이었습니다. 미국은 일본 방위상 한반도의 중요성을 깨닫고 38선을 미·소간 점령 분계선으로 할 것을 소련에 제의했습니다. 스탈린이 이것을 수락해서 북에는 소련군이, 남에는 미군이 진주하게 되었습니다. 소련군은 일제(日帝)의 저항도 없이 단숨에 점령한 북한을 남한과 분리하기 위해, 교통, 통신, 상거래를 차단하고 전화를 끊고 우체국을 폐쇄하여 남·북간 통신을 단절하였습니다. 북한을 남한으로부터 분리하고 공산화하여 소련의 지배하에 두려는 의도였습니다. 이승만은 당시 강대국의 세력 다툼에 의해 38선으로 분단된 우리나라를 구하기 위해서는 오직 공산주의가 아닌 자유민주주의 국가로 건설해야 한다는 중대 결정을 하고 있었습니다. 그리고 이승만 박사는 1945년 10월 16일 33년 만에 고국에 돌아왔을 때 신문과 라디오를 통해 되풀이하여 외치기를, "뭉치고 엉키라. 뭉치면 살고 흩어지면 못 사나니 다 같이 하나로 뭉치자"라고 역설하였습니다. 혼자만 살려고 하지 말고 모두가 한마음 한뜻으로 뭉쳐서 완전 독립을 찾자고 외친 것입니다. 그는 환국 성명에서 나라를 잃었던 과거를 반성하고 민족적 사명을 다음과 같이 다짐하자고 말하였습니다.

"...나는 앞으로 조선의 자주독립을 위해서 일하겠거니와 싸움을 할 일이 있으면 싸우겠다. 그러나 여러분, 4천 년의 우리 역사가 어둠에 묻혀 있는 것은 우리 민족이 불민한 탓이었다. 그 중에도 나와 같이 나이 많은 사람들의 잘못이 많았다. 그것은 내가 책임지겠다. 여러분은 젊기 때문에 그 책임이 적다. 4천 년의 역사를 이제 우리들의 손으로 다시 꽃 피워야 하는 것이다. 그 좋은 기회가 우리 앞에 있다. ..."[101]

일제 시대 굴욕적인 생활을 해 온 과거의 잘못을 자기와 같이 나이 많은 세대의 잘못이었다고 자책하면서, 해방 후 정신적으로 방황

---
[101] 이인수, 「대한민국의 건국」 (촛불, 2009), 75.

하고 있던 국민들에게 민족적 자존감을 회복시키고, 우리 손으로 민족의 역사를 새롭게 꽃피우자는 사명감을 심어 주었습니다.

우리는 대한민국의 더 밝은 미래를 위하여, 한국 근현대사를 빛낸 건국 대통령 이승만 박사의 애국심을 재조명하고, 대한민국 건국 초기 역사를 바르게 재인식해야 하겠습니다. 미국의 초대 대통령인 조지 워싱턴(George Washington)과 토마스 제퍼슨(Thomas Jefferson) 대통령, 아브라함 링컨(Abraham Lincoln) 대통령이 정치적 과오가 없지 않았지만, 미국인들은 그들의 공로를 높이 평가하여 전설적인 영웅으로 추앙하고 있습니다. 그런데 근래에 와서 우리나라 안에서는 역사적 사실을 알아보려고도 하지 않고 대한민국의 뿌리를 정면으로 모독하는 일들을 자주 보게 됩니다. 지금의 발전한 대한민국이 있기까지 보석보다 귀하고 위대한 업적을 많이 남긴 초기 건국 지도자들의 참된 애국애족과 숭고한 희생을 아예 외면하고, 그 모습 그대로 보존하기는커녕 애써 흠집을 내고 그 가치를 깎아 내리는 사람들이 있다는 것은, 대단히 유감스러운 일입니다.

자유민주주의 대한민국의 미래를 짊어지고 나갈 우리 자녀의 역사 인식의 문제가 매우 심각합니다. 현재 대한민국은 사상과 언론의 자유를 핑계로, 국가 존립과 국민의 생사가 걸린 중대한 문제가 대수롭지 않게 여겨지고 있는 현실이 되고 말았습니다. 최근 이승만과 박정희 두 대통령을 친일파, 반역자로 몰아붙이는 내용으로, 민족문제연구소가 제작한 영상물 '백년전쟁'이 유투브 조회수 2백만 건을 넘기면서 논란이 되고 있습니다(2013년 3월 기준). 대한민국 현대사를 '백년전쟁'으로 규정하며, 우리 역사를 '저항 세력'과 '협력 세력'의 대결로 설정하고, 대한민국의 주역들을 '친일파(협력세력)'로 매도하고 있습니다. 표지에서 교묘하게도 이승만, 박정희, 백선엽 등과 '백년전쟁'을 벌인 얼굴로 안중근, 김구, 여운형 등을 내세웠습니다. 게다가 '개망신, 돌대가리, 미꾸라지, 꼭두각시, 잘렸다' 등 비속어(卑俗語)를 거침없이 사용하고, 또 이소룡 영화를 차용하고 일본군이 '이승만 만세'를 부르게 하는 등, 사실에 기초하지 않은 화면을 집어넣어 보는 사람의 감성을 자극합니다. 이승만을 '불륜, 횡령, 가짜 독립운동의 주인공'이라 비난했지만, 그들이 증거 사진까지 합성하여 허위 사실을 주장한 사실이 드러남으로써 자신들의 거짓됨을 폭로하고 있습니다.

역사적 사실과 그 해석을 둘러싼 논란이 끊이지 않는 요즘, 실제 있었던 진실 그대로를 객관적으로 이해하려는 노력이 절실하게 필요합니다. 국민들의 역사적 사실에 대한 인식이 너무도 빈핍한 까닭에, 역사연구가, 정치인, 종교인, 언론인들, 그리고 전교조 교사들에게 영향 받은 어린 학생들, 대학생들, 심지어 연세가 지긋하신 어른들까지도, 사상적으로 심각하게 분열되어 있는 것을 자주 보게 됩니다.

"고등학교 한국사의 현대 부분을 20년째 가르치는 대한민국의 한 역사 교사"라고 자신을 소개한 김○○ 씨가 대한민국 임시정부 사적지 연구회의 홈페이지(http://cafe.daum.net/kpgs27)에 올린 [이승만에게 보내는 항의 편지]라는 제목의 글을 본 적이 있습니다. 수원 ○○고등학교 역사 교사인 그는, 이 글에서 이승만 대통령을 가리켜 "우리에게 나쁜 선례를 보여 준 인물, 대한민국의 주춧돌을 잘못 놓은 대통령"이라며, 결론에 가서는 "당신은 역사적으로 정말 잘 한 게 하나도 없는, 국가로 보나 개인적으로 보나 부끄러운 대통령이었습니다. 지금 21세기의 세계 독재자들의 말로와 비교해 보면 하와이로 망명하여 쓸쓸하게 최후를 맞은 것도 당신에게는 행운인 겁니다."라고 하면서, 역사를 심각하게 왜곡하여 자기 나라 대한민국의 건국 대통령을 극도로 폄하하는 글을 남겼습니다. 이런 역사관을 가지고 있는 교사에게 우리나라 역사를 배우고 있는 학생들, 이렇게 왜곡된 교육을 받는 우리 자녀들, 생각할수록 불쌍하고 기가 막힙니다. 이들의 마음속에 대한민국에 대한 애국심이나 국민으로서의 긍지가 싹틀 수는 없기 때문입니다. 이러한 역사 왜곡의 현실을 방치하면, 우리 자녀들은 이 나라 남북 분단에 대한 역사적 진실을 바르게 인식할 수가 없습니다. 끝내는 자기의 조국 대한민국을 스스로 해치게 되고, 이 나라를 이등 국가로 전락시키고 말 것입니다.

이승만 박사는 라디오를 통해 "우리는 뭉쳐야 합니다. 뭉치면 살고 흩어지면 죽습니다."(United, we stand; divided, we fall.)라고 애타게 외쳤습니다. 오늘날 사상 분열로 심각한 위기에 처한 우리 민족이 다시 한 번 되새기고 영원히 간직해야 할 생명적 교훈입니다.

이제 우리는 자유민주주의의 기초를 다지고 자유시장경제의 틀을 마련하여 준 이승만 대통령에 대하여 잘못된 편견과 오해를 깨끗하게 불식하고, 건국 대통령에 대한 국민적 존경과 예우를 올바르게 세워 가야 합니다. 미국의 조지 워싱턴 대통령과 같이, 이승만 대통령은 대한민국 건국 역사와 함께 영원히 살아 있는 대한민국의 지도자입니다. 그는 가난한 나라의 지도자였지만 미국과 일본을 호령했던 강력한 지도자, 나라의 기틀을 바로 세운 명철한 지도자, 국민의 가슴에 희망을 안겨 주었던 애국애족의 지도자, 공산주의로부터 소중한 조국을 지켜 낸 강력한 반공주의 지도자, 대한민국 국민을 문맹에서 해방하고 국가의 초석을 놓은 교육 지도자였습니다. 부디 그의 애국애족의 얼과 대한독립을 위해 헌신했던 불굴의 투혼이, 대한민국 전 국민의 마음속에 그리고 후세에 영원히 기억되고 올바로 전수되기를 간절히 소원합니다.

찾아보기

영문 및 숫자
105인 사건 / 90, 94, 205
3·1독립운동 /
90, 96, 98, 103, 116, 125, 160
5·4운동 / 118

ㄱ
가미다나 / 128
가와카미 / 71
간도협약 / 57
갑신정변 / 28, 30, 38, 60
갑오개혁 / 35, 36
강신혁 / 107
강제 양곡매상 / 195
강화도 조약(병자수호조약)
 / 23
개구리밥 / 176
개벽 / 129
개화당 / 29
개화정책 / 24
건국 대통령 / 180, 209, 213
경술국치 / 85
계동청년회 / 64
계엄령 / 189
고바야까와 히데오 / 39
고복수 / 175
고종황제 / 27, 48, 59, 63, 96
곽원량 / 63
광무 / 27
광복군총영 / 119
공산주의 / 192, 196, 206
공약삼장 / 102, 105
공출 / 148
구국가요 / 177

국가보안법 / 188, 191
국립묘지 / 185
국민 교육 / 204
국제연맹 / 186
국채보상운동 / 53
군대 강제 해산 / 58
군무도독부 / 119
군사적 지원 / 201
급진개화파 / 29
기미독립선언문 / 98
기유각서 / 57
김구 / 58, 204, 212
김옥균 / 28, 30
김창은 / 182
김천애 / 164
김향화 / 106
김활란 / 112

ㄴ
나치 / 149, 151
난중일기 / 197
남로당 / 190
남정옥 / 196
남한 단독 총선거 / 181
농민독본 / 129
농지개혁법 / 193
농지 분배 점수제 / 192
눈물 젖은 두만강 /
 166, 173

ㄷ
다나카 / 71
대통령 하야 / 207
대한동지회 / 205

대한제국 / 27, 45, 56, 85
대한국 의군 / 64
대한국민회 / 119, 120
대한독립군 / 119, 120
대한독립단 / 119
대한북로독군부 / 119
데라우치 마사다케 / 85
도시락 폭탄 / 131
독립문 / 45
독립선언서 /
 103, 105, 108, 113, 114
독립신문 / 45
독립정신 / 206
독립협회 / 45, 183
독재 왕조 체제 / 206
동방요배 / 127
동북아 방위 / 204
동양척식주식회사 / 148
동양평화론 / 80
동의단지회 / 66
동포에게 고함 / 81
동학혁명 / 31

ㄹ
러시아 혁명 / 18
러일전쟁 / 46, 47
레오폴트 2세 / 59
루즈벨트 대통령 / 47
리처드 닉슨 / 198

ㅁ
마포삼열 / 128
만민공동회 / 183
매슈 리지웨이 / 197

구한말 - 일제 강점기 | 215

매일신문 / 183
매헌 / 129
명성황후 / 40, 43
모리 / 71
모젤 권총 / 197
목포의 노래 / 170
목포의 눈물 / 170
무단정치 / 125
무초 / 197
문화정치 / 125
미국의 소리 / 186
미나미지로 / 127
미우라 고로(삼포오루) / 38, 43
미조부치 / 73, 76
미즈노 기치타로오 / 76
민겸호 / 24, 25
민족말살정책 / 127
민족잡지 / 129
민영익 / 29, 62
민영환 / 30, 52, 183
민족문제연구소 / 211
민족자결주의 / 96

ㅂ

박문규 / 195
박영효 / 28, 30, 35, 60
박제순 / 49, 85, 91
반공 지도자 / 197
반공 교육 / 203
반공주의 / 213
반공투사 / 209
반공포로 / 202
반민법 / 188
반민특위 / 188
배재학당 / 183
백년전쟁 / 211
백선엽 / 201, 211

별기군 / 24
병참기지화 / 125
보통선거제 / 205
봉오동 전투 / 119, 122
부국강병 / 19
부정선거 / 207
부정축재 / 209
부평 / 175
북로군정서 / 119
북조선인민위원회 / 190
불법 남침 / 191
불평등조약 / 23

ㅅ

사이토 마코토 / 125
사카이 / 76
산정현교회 / 135
삼백년 원한 / 172
삼흥학교 / 63
상호방위조약 / 201
상호안보조약 / 201
서광범 / 28, 30
서대문 형무소 / 111
서로군정서 / 119
서상근 / 62
서재필 / 29, 30
선각자 / 181
선구자 / 181
성주록 / 129
세도정치 / 18, 19, 22
손목인 / 170
수탈 정책 / 172
숙군 / 196
순종 / 40, 56, 84, 87
숭문천무 / 19, 27
숭실학교 / 148
숭의여학교 / 148
스탈린 / 188

스티븐스 / 59
시가라와 요시노리 / 131
시모노세키 조약 / 34, 38
시일야방성대곡 / 52
식민사관 / 126
신긍우 / 183
신민회 / 90, 91, 92
신사참배 / 127, 128, 135
신탁통치 / 187
십자가 형틀 / 134

ㅇ

아관파천 / 38, 43
아놀드 토인비 / 127
아브라함 링컨 / 211
아우내 장터 / 106, 108
아이젠하워 / 198, 199
안명근 / 90, 92
안보질서 / 203
안악 사건(안명근 사건)/92
안응칠 / 61
안응칠 역사 / 66, 80
안중근 의사 / 60, 61, 65, 66, 70
애향가요 / 170
야스다게 / 128
어윤희 / 111
언더우드 / 128
여순 감옥 / 73
여자 정신대 / 143
여운형 / 202
영산강 / 173
영세중립론 / 184
영어연설 / 183
영친왕 / 96, 111
예측 불가능성 / 199
왕평(이응호) / 155, 159
오정모 / 136

용정 공연 / 176
우덕순 / 67, 69
우남 / 180, 196
우마야하라 / 41
울 밑에 선 봉선화 / 160, 165
원안풍은 / 172
원자탄 / 188
월진회 / 129
월터 로버트슨 / 202
위안부 / 140, 146
유관순 열사 / 106, 107
유엔 안보리 / 196
유중권 / 108, 109, 112
윤봉길 / 129
윤산온 / 128
을미개혁 / 36
을미사변 / 38, 40
을미의병 / 64
을사보호조약(을사늑약) / 47
을사오적 / 49, 59
을사의병 / 64
의무교육제 / 205
의병출전 격려사 / 65
의열 / 59, 64
이경직 / 41
이근택 / 49, 51
이난영 / 170
이노우에 가오루 / 35, 39
이동휘 / 91, 117
이병무 / 56, 85
이순신 장군 / 173
이승만 / 117
이시우 / 166, 168
이애리수 / 157
이완용 / 45, 49, 56, 60, 85
이재명 / 59, 76
이토 히로부미 /
 34, 48, 56, 57, 67, 80

이화장 / 207
이화학당 / 107, 112
일본 내막기 / 184
일제 강점기 / 18
임시정부 수립 / 116
임시 토지수득세 / 195
임오군란 / 19

ㅈ

자주독립 / 210
장개석 / 132, 187
장지연 / 52
저항 의식 / 171
적산 가옥 / 191
전봉준 / 32, 33
전수린 / 155, 156
정동교회 / 112
정미 7조약 / 58, 73
정미의병 / 64
정익성 / 128
정전협정 / 201
제국신문 / 183
제네바 / 186
제물포 조약 / 27
제암리 교회 / 124
조병갑 / 32
조선 / 133
조선공산당 / 190
조선사 / 126
조지 워싱턴 / 211
주기철 목사 / 128
주한영국영사 힐리어 / 42
주한일본공사 / 34, 40
진주만 / 187
집정관 / 186

ㅊ

차이자거우 / 68
창씨개명 / 149
채병덕 / 208
처칠 / 187
청산리 전투 / 119, 120
청일전쟁 / 31, 34
최남선 / 99
최병대 / 129
최진동 / 119
최후의 일인 / 99, 105, 113
취성좌 / 156

ㅋ

카미다 세이지 / 76
카이로 선언 / 185
커밍스 / 192
클라크 / 197

ㅌ

타향살이 / 175
태평양 함대 / 187
태평양전쟁 / 140
토마스 제퍼슨 / 211
토지 개혁법 / 192
통감부 / 48, 58, 84
통일론 / 208
트루먼 / 201
특별사면령 / 111

ㅍ

포츠담 회담 / 188
프란체스카 / 117, 185

ㅎ

하얼빈 / 60, 67
하와이 / 205

한규설 / 49, 51
한성감옥 / 183
한용운 / 99, 102, 116
한인 공우회 / 130
한인기독교회 / 205
한일협약 / 46, 47
한일의정서 / 46
한일합병 / 84, 87
항의 편지 / 212
혁신정강 / 30
호남평야 / 171
홍구공원 / 131
홍난파 / 160, 164
홍명희 / 195
홍범 14조 / 35
홍범도 / 119
흥선대원군 / 20
환국 성명 / 210
황국신민화정책 / 125, 127
황금어장 / 171
황성옛터 / 154, 155

대한민국 근현대사 시리즈 1

구한말-일제 강점기
1876년 강화도 조약부터 1945년 8·15해방까지

초 판 1쇄	2011년 11월 5일
110쇄	2025년 10월 27일
저 자	박윤식
발행인	유종훈
발행처	휘선(사단법인 성경보수구속사운동센터)
e-mail	center@huisun.kr
주 소	서울시 구로구 오류로8라길 50 6층
전 화	02-2618-1217
등 록	제25100-2007-000041호
ISBN	979-11-964006-4-4 (04390)(세트)
	979-11-964006-5-1
책 값	5,000원

휘선은 '사단법인 성경보수구속사운동센터'의 브랜드명입니다.

*이 출판물은 저작권법에 의해 보호를 받는 저작물이므로 저작권자의 허락 없이 본 내용의 일부 또는 전체를 무단복제, 전재, 발췌하면 저작권법에 의해 처벌을 받습니다.
저작권 등록번호: 제 C-2012-002595 호

앞 표지그림: 대한민국의 국화(國花) 무궁화를 14개 도에 한 송이씩 그려 삼천리 금수강산을 상징하였다. 무궁화(Rose of sharon)는 피고 또 피어 영원히 지지 않는 꽃, 영원무궁토록 빛나 겨레의 환한 등불이 될 꽃, 성스럽고 선택받은 곳에서만 피어나는 아름다운 꽃이라 이름한다.
  본 서의 표지그림은 대한민국의 밝은 미래와 강인한 생명력이 세세토록 무궁(無窮)하기를 기원하는 마음으로, 독립운동가 한서(翰西) 남궁억 선생(1863-1939년)의 무궁화 수본(繡本)을 재창작한 것이다. 처음 이 수본은 한반도에 당시의 13도를 상징하는 무궁화 13송이와 백두대간을 상징하는 무궁화 가지를 수놓았으며, 독도와 제주도는 무궁화 꽃잎으로 수놓아져 있었다.
  남궁억 선생은 일제 시대에 독립운동가, 언론인, 교육자로서 나라의 독립을 위해 '무궁화운동'에 앞장섰던 분이다. 초지일관 구국을 위해 헌신한 진정한 애국자로, "내가 죽거든 무덤을 만들지 말고 과목 밑에다 묻어서 거름이나 되게 하라."는 위대한 유언을 남기셨다. 1933년 11월 4일 '무궁화와 한국역사사건'으로 체포되어 복역하다가 1935년 병보석으로 출감한 뒤 오래 살지 못하고 1939년 4월 5일 77세에 세상을 떠났다.